“一带一路”营商环境法治保障系列　赵旭东　总主编

李建伟　朱晓娟　吴高臣　副总主编

中国海商法律制度

胡利玲　主编　王一焱　副主编

中国民主法制出版社

图书在版编目（CIP）数据

中国海商法律制度/胡利玲主编．—北京：中国民主法制出版社，2020.1

（“一带一路”营商环境法治保障系列）

ISBN 978-7-5162-2080-1

Ⅰ.①中…　Ⅱ.①胡…　Ⅲ.①海商法—研究—中国

Ⅳ.①D923.993.4

中国版本图书馆CIP数据核字（2019）第197459号

图书出品人：刘海涛

出版统筹：乔先彪

责任编辑：逯卫光　庞贺鑫

书名/中国海商法律制度

ZHONGGUOHAISHANGFALÜZHIDU

作者/胡利玲　主　编

王一焱　副主编

出版·发行/中国民主法制出版社

地址/北京市丰台区右安门外玉林里7号（100069）

电话/（010）63055259（总编室）　63057714（发行部）

传真/（010）63056975　63056983

http：//www.npcpub.com

E-mail：mzfz@npcpub.com

经销/新华书店

开本/16开　787毫米×960毫米

印张/12.75　**字数**/186千字

版本/2020年1月第1版　2020年1月第1次印刷

印刷/北京中兴印刷有限公司

书号/ISBN 978-7-5162-2080-1

定价/42.00元

◉总序

习近平总书记在2013年提出建设“丝绸之路经济带”和“21世纪海上丝绸之路”的构想，五年多来，在各参与方的共同努力下，“一带一路”倡议从理念转化为行动，从愿景转变为现实，构建起了各自优势互补、彼此互联互通的国际合作平台。

党的十九大报告指出，要以“一带一路”建设为重点，坚持“引进来”和“走出去”并重，加强创新能力开放合作，形成陆海内外联动、东西双向互济的开放格局。同时，党的十九大通过修改的党章明确指出：遵循共商共建共享原则，推进“一带一路”建设。推进“一带一路”建设写入党章，必将为新时代共建“一带一路”，共建人类命运共同体进一步指明方向，注入强劲动力。

随着我国“一带一路”建设的深入推进，营造互信互通的法治营商环境，为投资贸易合作方提供全面周到的法律支持，切实维护中外当事人的合法权益便提上了日程。因此，为了增进“一带一路”建设沿线各国的彼此沟通，积极建立成员方统一认知和公正高效的司法保障体系，切实保障“一带一路”建设成果的不断扩大，我们推出了《“一带一路”营商环境法治保障系列》图书。

本系列图书构建了“一带一路”法治保障服务体系，主要介绍了投资贸易、产业合作、公正司法、纠纷解决、劳工保护等领域的法律制度，从而以保护中外当事人合法权益，维护公平竞争、诚实守信、和谐共赢的区域合作大环境。本系列图书体例科学，通俗易懂，旨在加强中国与“一带一路”沿线国家的“政策沟通”和“法治互信”，通过向国际社会展示我国法律制度的建设成就，以此提升我国法律的国际影响力。

《“一带一路”营商环境法治保障系列》图书作为“一带一路”建设的法治保障参考适用读物，旨在为沿线各国加强法律制度的交流互鉴，旨在全面落实我国“一带一路”建设的任务要求，全面构建“一带一路”建设中的法治保障体系，以便全球共享“一带一路”的建设成果。

赵旭东*
2019 年 8 月

* 赵旭东，中国法学会商法学研究会会长，中国政法大学教授。

目 录

第一章

中国海商制度概述

【规则要点】

中国海商制度是调整海上运输关系和船舶关系中平等主体之间横向民商事关系的法律制度的总和。它主要调整海上运输关系和船舶关系两方面，但不包括中国港口之间的海上货物运输，仅包括中国港口之间的旅客运输以及中国港口及外国港口之间的海上货物运输。海商制度调整的法律活动，主要但不限于商事范围，且通过与海商活动的实质性联系来判断是否处于该范围之中。

【理解与适用】

中国海商制度，是调整海上运输关系和船舶关系中平等主体之间横向民商事关系的法律制度的总和。该制度以《中华人民共和国海商法》、《中华人民共和国海事诉讼特别程序法》、《中华人民共和国船舶登记条例》及《最高人民法院关于适用〈中华人民共和国海事诉讼特别程序法〉若干问题的解释》（以下简称《海诉法司法解释》）、《最高人民法院关于审理海上保险纠纷案件若干问题的规定》、《最高人民法院关于审理船舶碰撞纠纷案件若干问题的规定》、《最高人民法院关于审理无正本提单交付货物案件适用法律若干问题的规定》、《最高人民法院关于审理海事赔偿责任限制相关纠纷案件的若干规定》、《最高人民法院关于审理船舶油污损害赔偿纠纷案件若干问题的规定》、《最高人民法院关于审理海上货运代理纠纷案件若干问题的规定》等一系列司法解释为基础，核心目的是维护海商法律关系当事人各方合法权益，促进海上运输和经济贸易的发展。

中国海商制度主要调整海上运输关系和船舶关系两方面。这里的“海上运输”，指海上的货物运输和海上旅客运输，包括海江之间、江海之间的直达运输。这就要求对海与非海进行范围界定。海商制度中的“海”，以海船可到达的可供航行的水域为限，但该标准并非绝对。如海边浅滩，深度虽不足以使海船安全航行，但由于其性质应当归属于“海”的范围，故该区域归属于海商制度调整范围中。海商法第 2 条明确了其调整范围不包括中国港口之间的海上货物运输，仅包括中国港口之间的旅客运输以及中国港口及外国港口之间的海上货物运输。“海上运输关系”，主要指承运人（包括实际承运人）同托运人、收货人或旅客之间，以及船舶租赁双方之间有关船舶运输的法律关系，主要体现为合同关系，如旅客运输合同、航次租船合同、海上拖航合同等。

“船舶关系”则是指船舶所有人、船舶经营使用人、船舶租赁关系双方、船舶抵押关系双方、船舶保险关系双方、船舶救助关系双方以及海上侵权行为当事人之间以船舶为财产基础形成的法律关系。海商制度中的船舶指的是海船和其他海上移动式装置，但是军事用船、政府公务用船和 20 总吨以下的小型船艇除外。船舶关系主要包括合同关系、海上侵权关系和海上特殊风险关系三大类。

海商制度调整的法律活动，主要存在于商事范围但又不限于商事范围。该范围也并不以发生于“海上”或“船上”的空间条件为判断标准，而是通过与海商活动的实质性联系进行判断。例如，公海船上打击犯罪行为，应当适用相关国家陆上刑事制度进行调整；公海行使紧追权行为，尽管发生于海上，但应当由国际公法进行调整；再如，在海船上死亡后遗产继承等问题，适用相关国际私法或国内继承法进行调整。而发生在陆地上的船舶登记、抵押、海事诉讼等行为，则需要海商制度进行调整和规范。

【风险提示】

海商法调整范围仅限于中国港口之间的旅客运输以及中国港口及外国港口之间的海上货物运输，不包括中国港口之间的海上货物运输。

【法条指引】

中华人民共和国海商法（节录）

第一条　为了调整海上运输关系、船舶关系，维护当事人各方的合法权益，促进海上运输和经济贸易的发展，制定本法。

第二条　本法所称海上运输，是指海上货物运输和海上旅客运输，包括海江之间、江海之间的直达运输。

本法第四章海上货物运输合同的规定，不适用于中华人民共和国港口之间的海上货物运输。

第三条　本法所称船舶，是指海船和其他海上移动式装置，但是用于军事的、政府公务的船舶和20总吨以下的小型船艇除外。

前款所称船舶，包括船舶属具。

第二章

船舶物权

船舶在法律意义上被区分为海上船舶和内河船舶。我国海商法第3条从可航性、吨位、目的、区域等方面对海商制度所调整的船舶范围作出规范："本法所称船舶，是指海船和其他海上移动式装置，但是用于军事的、政府公务的船舶和20总吨以下的小型船艇除外。前款所称船舶，包括船舶属具。"

船舶物权，是指权利人直接对船舶行使并排除他人干涉的权利，包括船舶所有权、船舶抵押权、船舶留置权和船舶优先权。从性质上讲，船舶所有权属于自物权，而其他三种则为担保物权。船舶物权在海商法中有具体规定的，应当适用其专门规定；而其中未加规定的问题，则应当适用作为一般法的《中华人民共和国物权法》的相关规定进行解决。

第一节　船舶所有权

【规则要点】

船舶所有权，是指船舶所有人依法对其船舶享有占有、使用、收益和处分的权利。船舶登记制度是确定船舶所有权和船舶国籍的必要程序。船舶共有，指船舶由两个以上的法人或者个人共有，包括船舶按份共有和船舶共同共有。

【理解与适用】

船舶所有权，是指船舶所有人依法对其船舶享有占有、使用、收益和处分的权利。船舶所有权人既可为法人亦可为自然人。对于国家所有船舶，经营船舶的企业就是该船舶的所有人，可以对船舶主张所有权，亦可申请法院对其采取司法强制措施。

船舶所有权的取得包括原始取得和继受取得。继受取得形式包括买卖、赠与、互易、继承等。在船舶所有权进行转让时，依我国海商法的规定，应当签订书面合同。值得注意的是，如果当事人进行船舶所有权的转让未签订书面合同是否意味着该转让行为无效呢？海商法对此并未进行特殊规定，则应当适用《中华人民共和国合同法》相关规定。我国合同法第36条规定："法律、行政法规规定或者当事人约定采用书面形式订立合同，当事人未采用书面形式但一方已经履行主要义务，对方接受的，该合同成立。"故如果船舶所有权转让双方未采用书面形式，但是出让方或受让方已经履行主要义务（如转移登记或支付价款），对方接受的，则该船舶所有权转让合同成立。

船舶登记制度是确定船舶所有权和船舶国籍的必要程序。在中国，只有经过依法登记取得中国国籍的船舶才有权悬挂中国国旗航行。中国船舶登记法定条件较为严格，依据船舶登记条例，在中国登记的船舶须由中国人拥有，中国企业法人的注册资本中有外商出资的，中方投资人出资额不得低于二分之一。

一、所有权登记制度

我国海商法规定，船舶所有权的取得、转让和消灭，应当向船舶登记机关登记；未经登记的，不得对抗第三人。该规定采登记对抗主义，既适用于原始取得，也适用于继受取得。不论何种取得方式，未经登记不得对抗第三人。船舶登记条例与其保持了一致。

船舶所有权登记包括原始登记、变更登记和注销登记三种。原始登记是船舶所有权的第一次登记；变更登记是指船舶所有权转移或者其他事项发生改变时进行的登记；注销登记则是在船舶消灭、失踪、沉没、拆毁时进行的登记。

中国港务监督机构是船舶登记主管机关，各港的港务监督机构是具体实施船舶登记的机关。

根据船舶登记条例的规定，船舶所有人申请船舶所有权登记，应当向船籍港船舶登记机关交验足以证明其合法身份的文件，并提供有关船舶技术资料和船舶所有权取得的证明文件的正本、副本。就购买取得的船舶申请船舶所有权登记的，应当提供下列文件：一是购船发票或者船舶的买卖合同和交接文件；二是原船籍港船舶登记机关出具的船舶所有权登记注销证明书；三是未进行抵押的证明文件或者抵押权人同意被抵押船舶转让他人的文件。

就新造船舶申请船舶所有权登记的，应当提供船舶建造合同和交接文件。但是，就建造中的船舶申请船舶所有权登记的，仅需提供船舶建造合同；就自造自用船舶申请船舶所有权登记的，应当提供足以证明其所有权取得的文件。就因继承、赠与、依法拍卖以及法院判决取得的船舶申请船舶所有权登记的，应当提供具有相应法律效力的船舶所有权取得的证明文件。

二、船舶共有制度

船舶共有，指船舶由两个以上的法人或者个人共有。海商法第10条规定，船舶由两个以上的法人或者个人共有的，应当向船舶登记机关登记；未经登记的，不得对抗第三人。由此可见，船舶共有亦采登记对抗主义。船舶共有是船舶登记的重要内容，我国船舶登记条例第14条第9项规定：船舶为数人共有的，还应当载明船舶共有人的共有情况。

船舶共有包括船舶按份共有和船舶共同共有。船舶按份共有是指两个或两个以上共有人按照各自的份额分别对共有船舶享有权利和承担义务的共有关系。其权利义务的范围以份额为准。船舶共同共有则是指基于婚姻、家庭、继承等关系对船舶全部不分份额地享有平等所有权。对于船舶共有的具体内容，参见物权法中有关共有的规定。

【风险提示】

船舶所有权进行转让时，应当签订书面合同。如果当事人进行船舶所有权的转让时未签订书面合同，行为并不当然无效，还需要结合我国合同法相关规定进行分析。

【相关案例】

拉菲贡公司诉德兴船务有限公司、海南青龙船务实业总公司及其广州分公司海运欺诈案

原告拉菲贡公司向中化（英国）有限公司购买了12002吨尿素，将该批货物在乌克兰敖德萨港装上“金色阳光”轮，并支付运费。1997年8月18日，船务代理签发正本清洁提单。按正常计算，此次航程只需约一个月时间。但直到1997年12月，“金色阳光”轮仍未抵达目的港，并和托运人、收货人失去联系。1997年12月11日，被告德兴船务有限公司（以下简称德兴公司）以卖方身份与雅泉国际有限公司签订了一份合同，约定：由德兴公司卖给雅泉国际有限公司尿素12002吨，价格为每净吨90美元，湛江到岸交货。另查明被告德兴公司曾于1997年6月30日给被告青龙分公司出具委托书。该委托书记载：兹委托青龙分公司作为我司的代理人，代理我司处理“金色阳光”轮在欧洲与东南亚或中国航线的委托装港、卸港代理，添加淡水、燃料和物料，代催、代收运费以及其他必要的代理事宜。

原告诉称被告德兴公司以注册船东的身份伪造提单，将原告装在“金色阳光”轮上的一批货物销售给他人。被告青龙总公司是“金色阳光”轮的实际所有人，被告青龙分公司是“金色阳光”轮的实际经营人。青龙总公司对德兴公司签发的假提单进行核实，青龙分公司在该假提单上盖章批注确认其效力，二被告的行为已构成与德兴公司共同侵权。

法院认为，被告青龙分公司是受被告德兴公司的委托，才进行相关行为，其后果应当由委托人德兴公司承担。原告拉菲贡公司关于青龙总公司是“金色阳光”轮实际船东的主张，不符合海商法第9条关于“船舶所有权的取得、转让和消灭，应当向船舶登记机关登记；未经登记的，不得对抗第三人”的规定；关于青龙分公司是“金色阳光”轮实际经营人的主张，缺乏充分的证据，不能予以支持。

【法条指引】

中华人民共和国海商法（节录）

第九条 船舶所有权的取得、转让和消灭，应当向船舶登记机关登记；未经登记的，不得对抗第三人。

船舶所有权的转让，应当签订书面合同。

第十条 船舶由两个以上的法人或者个人共有的，应当向船舶登记机关登记；未经登记的，不得对抗第三人。

中华人民共和国船舶登记条例（节录）

第十三条 船舶所有人申请船舶所有权登记，应当向船籍港船舶登记机关交验足以证明其合法身份的文件，并提供有关船舶技术资料和船舶所有权取得的证明文件的正本、副本。

就购买取得的船舶申请船舶所有权登记的，应当提供下列文件：

（一）购船发票或者船舶的买卖合同和交接文件；

（二）原船籍港船舶登记机关出具的船舶所有权登记注销证明书；

（三）未进行抵押的证明文件或者抵押权人同意被抵押船舶转让他人的文件。

就新造船舶申请船舶所有权登记的，应当提供船舶建造合同和交接文件。但是，就建造中的船舶申请船舶所有权登记的，仅需提供船舶建造合同；就自造自用船舶申请船舶所有权登记的，应当提供足以证明其所有权取得的文件。

就因继承、赠与、依法拍卖以及法院判决取得的船舶申请船舶所有权登记的，应当提供具有相应法律效力的船舶所有权取得的证明文件。

第十四条 船籍港船舶登记机关应当对船舶所有权登记申请进行审查核实；对符合本条例规定的，应当自收到申请之日起 7 日内向船舶所有人颁发船舶所有权登记证书，授予船舶登记号码，并在船舶登记簿中载明下列事项：

（一）船舶名称、船舶呼号；

（二）船籍港和登记号码、登记标志；

（三）船舶所有人的名称、地址及其法定代表人的姓名；

（四）船舶所有权的取得方式和取得日期；

（五）船舶所有权登记日期；

（六）船舶建造商名称、建造日期和建造地点；

（七）船舶价值、船体材料和船舶主要技术数据；

（八）船舶的曾用名、原船籍港以及原船舶登记的注销或者中止的日期；

（九）船舶为数人共有的，还应当载明船舶共有人的共有情况；

（十）船舶所有人不实际使用和控制船舶的，还应当载明光船承租人或者船舶经营人的名称、地址及其法定代表人的姓名；

（十一）船舶已设定抵押权的，还应当载明船舶抵押权的设定情况。

船舶登记机关对不符合本条例规定的，应当自收到申请之日起 7 日内书面通知船舶所有人。

第二节　船舶抵押权

【规则要点】

船舶抵押权，是抵押权人对于抵押人提供的作为债务担保的船舶，在抵押人不履行债务时，可以依法拍卖，从卖得的价款中优先受偿的权利。船舶抵押权的当事人即为抵押法律关系当事人，包括抵押人和抵押权人。船舶抵押权的标的，指船舶抵押权主体享有的权利和承担的义务所指向的对象。共有船舶亦可设定抵押权，包括按份共有船舶抵押和共同共有船舶抵押。我国海商法中船舶抵押权采登记对抗主义。船舶抵押权唯一实现方式为依法拍卖。

【理解与适用】

我国海商法第 11 条规定：船舶抵押权，是指抵押权人对于抵押人提供的作为债务担保的船舶，在抵押人不履行债务时，可以依法拍卖，从卖得的价款中优先受偿的权利。作为一项担保物权，船舶抵押权的形成不必转移船舶的占有，但在设定后，未经抵押权人同意，抵押人不得将被抵押船舶转让给他人。船舶优先权随其担保的债权的转让而转移，并随被抵押的船舶灭失而灭失。船舶抵押权是海上运输业者向金融机构融资以取得贷款用以建造或购买船舶的有效方法。在国际公约方面，中国加入了 1993 年《船舶优先权和抵押权国际公约》，该公约内容与我国海商法有关船舶优先权和抵押权的规定基本吻合。

一、当事人与标的物

（一）当事人

船舶抵押权的当事人即为抵押法律关系当事人，包括抵押人和抵押权人。

1. 抵押人

我国海商法第 12 条第 1 款规定，船舶所有人或者船舶所有人授权的人可以设定船舶抵押权。在中国，全民所有制企业、集体所有制企业、私营企业以及中外合资经营企业的船舶所有人均可作为船舶抵押权的抵押人。国有船舶的抵押人是对该船舶进行经营管理的具有法人资格的全民所有制企业。船舶共有人就共有船舶设定抵押权的，共有人为共同抵押人。

抵押人的权利与义务：

（1）抵押物所有权处分权能限制：海商法第 17 条规定，船舶抵押权设定后，未经抵押权人同意，抵押人不得将被抵押船舶转让给他人；

（2）履行债务；

（3）对被抵押船舶进行投保：海商法第 15 条规定，除合同另有约定外，抵押人应当对被抵押船舶进行保险；未保险的，抵押权人有权对该船舶进行保险，保险费由抵押人负担；

（4）为被抵押船舶保价。

2. 抵押权人

抵押权人又称受押人，指提供资金的商业银行或其他金融机构。抵押权人的权利为回收权，即当抵押人未能依照合同约定在期限届满前清偿债务，抵押权人则可实现其抵押权，依其回收权占有、扣押后拍卖被抵押船舶并就拍得价款优先受偿。

（二）标的及标的物

船舶抵押权的标的，指船舶抵押权主体享有的权利和承担的义务所指向的对象。船舶抵押权的标的物即为船舶，但是否任何船舶均可作为抵押权的标的，各国规范强度不同。我国海商法对此并未明文规定，一般认为只有海商法意义上的船舶才能作为船舶抵押权的标的；非海商法意义上的船舶在设定抵押权时应当适用我国物权法关于不动产抵押的相关规定。

可抵押船舶是否包括建造中的船舶呢？《中华人民共和国海船登记规则》未将建造中的船舶纳入船舶抵押权的标的范围。但在实践中，船舶抵押常用于船舶建造时的筹资安排，且对建造中的船舶设定抵押权从而获得银行的贷款也是通行做法，因此，我国海商法第 14 条第 1 款明确规定，建造中的船舶可以设定船舶抵押权。

共有船舶亦可设定抵押权，包括按份共有船舶抵押和共同共有船舶抵押。我国海商法第 16 条规定，船舶共有人就共有船舶设定抵押权，应当取得持有三分之二以上份额的共有人的同意，共有人之间另有约定的除外。船舶共有人设定的抵押权，不因船舶的共有权的分割而受影响。因此，船舶共有人即使进行了共有物的分割，该抵押权仍及于抵押船舶的全部，并不为分割所影响。对于共同共有船舶的抵押，由于海商法并未进行特别规定，故应适用我国物权法第 97 条规定：处分共有的不动产或者动产以及对共有的不动产或者动产作重大修缮的，应当经占份额三分之二以上的按份共有人或者全体共同共有人同意，但共有人之间另有约定的除外。即除共有人另有约定外须经全体共有人同意方可对共有船舶设定抵押权。

物权抵押权具有物上代位性，船舶作为物，其抵押权是否同样具有物上代位性的问题，海商法第 20 条对此作了明确规定，被抵押船舶灭失，抵押权随之消灭。由于船舶灭失得到的保险赔偿，抵押权人有权优先于其他债权人受偿。该条表明，船舶抵押权具有物上代位性，其代位物为保险赔偿。这与我国物权法第 174 条规定的代位物范围存在差异，“担保期间，担保财产毁损、灭失或者被征收等，担保物权人可以就获得的保险金、赔偿金或者补偿金等优先受偿。被担保债权的履行期未届满的，也可以提存该保险金、赔偿金或者补偿金等”。物权法中代位物范围要宽于海商法，后者代位物范围仅限于保险赔偿，值得注意。

二、抵押权登记制度

我国海商法中船舶抵押权采登记对抗主义。海商法第 13 条规定，设定船舶抵押权，由抵押权人和抵押人共同向船舶登记机关办理抵押权登记；未经登记的，不得对抗第三人。抵押权登记主要项目为：（1）船舶抵押权人和抵押人的姓名或者名称、地址；（2）被抵押船舶的名称、国籍、船舶所有权证书的颁发机关和证书号码；（3）船舶所担保的债权数额、利息率、受偿期限。由于船舶抵押权设定登记具有公示目的，因此船舶抵押权的登记状况是允许公众查询的。根据我国船舶登记条例第20条的规定，对20总吨以上的船舶设定抵押权时，抵押权人和抵押人必须向船籍港船舶登记机关提交的文件包括：（1）双方签字的书面申请书；（2）船舶所有权登记证书或者船舶建造合同；（3）船舶抵押合同。如果该船舶本身已经设定了其他抵押权，需要同时提供有关证明文件。如果是按份共有船舶进行抵押权设定，还应当提供三分之二以上份额或者约定份额的共有人的同意证明文件。

建造中的船舶尚不属于真正海商法意义上的船舶，故其抵押权的设定具有特殊性。以建造中的船舶设定抵押的，应当向船舶登记机关提交船舶建造合同。在船舶抵押权进行转移时，抵押权人和受让方应当持船舶抵押权转移合同共同到船籍港船舶登记机关申请办理抵押权转移登记。

三、船舶抵押权实现方式及顺序

（一）抵押权实现方式

关于船舶抵押权的实现方式，我国海商法第11条规定，船舶抵押权，是指抵押权人对于抵押人提供的作为债务担保的船舶，在抵押人不履行债务时，可以依法拍卖，从卖得的价款中优先受偿的权利。由此可见，船舶抵押权仅有唯一的实现方式，即依法拍卖。这相对于物权法第195条中规定的拍卖、变卖等多种实现方式而言更为狭窄。那么船舶是否可以作为普通物适用物权法中的相关规定呢？由于在船舶物权方面，海商法相对于物权法是特别法，那么相应的应当适用海商法的规定，仅限于拍卖方式实现。

（二）抵押权实现顺序

船舶抵押权受偿顺序涉及船舶抵押权之间的受偿顺序和船舶抵押权与其他船舶权利之间的实现顺序。依照我国海商法第25条规定，船舶优先权优先于船舶留置权，最后是船舶抵押权。同一船舶上可设定多个抵押权，因此抵押权之间存在实现顺序。海商法第19条规定，同一船舶可以设定两个以上抵押权，其顺序以登记的先后为准。同一船舶设定两个以上抵押权的，抵押权人按照抵押权登记的先后顺序，从船舶拍卖所得价款中依次受偿。同日登记的抵押权，按照同一顺序受偿。

由于船舶抵押权采登记对抗主义，未经登记的船舶抵押权不得对抗第三人，那么该第三人是否包括抵押人的普通债权人呢？海商法第13条并未明确规定，此时可参照适用我国物权法第199条更为明确的规定。

根据中国法律的有关规定，一般抵押权实现顺序为：

1. 登记抵押权依登记顺序实现；
2. 登记抵押权同位次依债权比例受偿；
3. 已登记抵押权优先于未登记抵押权实现；
4. 未登记抵押权依债权比例实现。

因此，在船舶抵押权未登记且同时存在普通债权人的情况中，未登记船舶抵押权按债权比例实现，船舶抵押权优先于普通债权实现。

【风险提示】

1. 船舶抵押权的形成不必转移船舶的占有，但在设定后，未经抵押权人同意，抵押人不得将被抵押船舶转让给他人。
2. 建造中的船舶可以设定抵押权。

【相关案例】

海南金欣担保投资有限公司与海南临高海信船务有限公司船舶抵押合同纠纷案

2014年3月27日，王某某与某典当公司签订《借款合同书》，约定：王某某向某典当公司借款人民币180万元，借款期限为1个月，自2014年3月27日至2014年4月26日止。同日，某典当公司、原告（海南金欣担保投资有限公司，以下简称金欣担保公司）与王某某签订《担保合同书》，约定：原告就王某某向某典当公司的180万元借款提供连带担保。同日，被告海南临高海信船务有限公司（以下简称海信船务公司）与原告签订《船舶抵押（反担保）合同》，约定：鉴于原告为王某某向某典当公司的借款提供了担保，为维护原告的合法权益，被告海信船务公司自愿将名下的“海信966”轮抵押在原告名下作为反担保措施，并依法办理相应的抵押登记手续；担保的范围包括借款本金、利息、违约金和赔偿金等全部费用；为实现担保权利所支付的一切相关费用（包括但不限于诉讼费、律师代理费、保全费等）；如发生王某某不能按期偿还该贷款本金、利息、罚息、违约金及其他应付费用时，原告有权依法处置抵押船舶，所得款项及权益优先清偿贷款本息。2014年3月28日，被告海信船务公司为“海信966”轮办理了抵押登记手续，登记的船舶抵押人为被告海信船务公司，抵押权人为原告金欣担保公司。王某某在合同履行期限内未按合同约定履行还款义务，贷款到期后，原告于2015年2月10日依约履行了代偿义务，向某典当公司代偿本息合计人民币211万元。

法院认为，本案中，被告自愿以其名下的“海信966”轮作为抵押物，为王某某的上述债务提供担保，并办理了船舶抵押权登记手续，原告的抵押权依法成立。王某某不履行到期债务，合同约定及法律规定的实现抵押权的条件已成就，原告有权对“海信966”轮折价或者拍卖、变卖所得价款在上述确定的抵押担保范围内优先受偿。

【法条指引】

中华人民共和国海商法（节录）

第二十五条 船舶优先权先于船舶留置权受偿，船舶抵押权后于船舶留置权受偿。

前款所称船舶留置权，是指造船人、修船人在合同另一方未履行合同时，可以留置所占有的船舶，以保证造船费用或者修船费用得以偿还的权利。船舶留置权在造船人、修船人不再占有所造或者所修的船舶时消灭。

中华人民共和国物权法（节录）

第一百九十九条 同一财产向两个以上债权人抵押的，拍卖、变卖抵押财产所得的价款依照下列规定清偿：

（一）抵押权已登记的，按照登记的先后顺序清偿；顺序相同的，按照债权比例清偿；

（二）抵押权已登记的先于未登记的受偿；

（三）抵押权未登记的，按照债权比例清偿。

第三节 船舶留置权

【规则要点】

船舶留置权，是指造船人、修船人在合同另一方未履行合同时，可以留置所占有的船舶，以保证造船费用或者修船费用得以偿还的权利。船舶留置权在造船人、修船人不再占有所造或者所修的船舶时消灭。船舶留置权的实现方式，应当适用我国物权法相关规定，包括两种途径：一是直接与债务人协议以留置财产折价从而消灭债务；二是通过拍卖、变卖留置财产取得价款并优先受偿。

【理解与适用】

一、船舶留置权与一般海上留置权

我国海商法涉及的留置权包括船舶留置权和一般海上留置权。

船舶留置权，是指造船人、修船人在合同另一方未履行合同时，可以留置所占有的船舶，以保证造船费用或者修船费用得以偿还的权利。船舶留置权在造船人、修船人不再占有所造或者所修的船舶时消灭。在主体上，留置权行使人仅限于造船方和修船方，其他有可能占有船舶的人如船舶救助人等不得主张船舶留置权。在客体方面，船舶留置权针对的客体仅限于造船合同或修船合同所指向的船舶。

一般海上留置权在我国海商法中并未集中规定，发生于海上拖航或海难救助的情况中。虽然一般海上留置权同样可以留置船舶，但是与船舶留置权相比，其主客体范围更为宽泛。

海上拖航中，行使一般海上留置权的主体是承拖方，客体是被拖物，海商法第 161 条规定，被拖方未按照约定支付拖航费和其他合理费用的，承拖方对被拖物有留置权。被拖物明显不限于船舶。

海难救助中，一般海上留置权的行使主体是救助方，客体则是受救助的船舶和其他财产。海商法第 188 条规定，被救助方在救助作业结束后，应当根据救助方的要求，对救助款项提供满意的担保。在不影响前款规定的情况下，获救船舶的船舶所有人应当在获救的货物交还前，尽力使货物的所有人对其应当承担的救助款项提供满意的担保。在未根据救助人的要求对获救的船舶或者其他财产提供满意的担保以前，未经救助方同意，不得将获救的船舶和其他财产从救助作业完成后最初到达的港口或者地点移走。该条中虽未直言留置权，但是其实质上赋予了救助方留置被救助物的权能。

二、船舶留置权实现方式及顺序

鉴于海商法中并未明确规定船舶留置权的实现方式，应当适用我国物权法相关规定。物权法第 236 条规定，留置权人与债务人应当约定留置财产后的债务履行期间；没有约定或者约定不明确的，留置权人应当给债务人两个月以上履行债务的期间，但鲜活易腐等不易保管的动产除外。债务人逾期未履行的，留置权人可以与债务人协议以留置财产折价，也可以就拍卖、变卖留置财产所得的价款优先受偿。留置财产折价或者变卖的，应当参照市场价格。因此，当债务人未能在期限届满前及时清偿债务的，留置权人有两种途径实现自己的债权：一是直接与债务人协议以留置财产折价从而消灭债务；二是通过拍卖、变卖留置财产取得价款并优先受偿。

我国海商法第 25 条第 1 款规定，船舶优先权先于船舶留置权受偿，船舶抵押权后于船舶留置权受偿。该条中船舶留置权采狭义解释，仅限于造船方或修船方针对合同标的物的船舶行使的留置权。对于海上拖航中的一般海上留置权，海商法中并未明确规定其实现方式，实践中一般认为其应后于船舶抵押权、先于一般债权受偿。至于海船救助中产生的一般留置权，属于船舶优先权的范围，以船舶优先权顺序受偿。

【风险提示】

海难救助中，在未根据救助人的要求对获救的船舶或者其他财产提供满意的担保以前，未经救助方同意，不得将获救的船舶和其他财产从救助作业完成后最初到达的港口或者地点移走。这实质上赋予了救助方留置被救助物的权利。

第四节 船舶优先权

【规则要点】

船舶优先权，是指海事请求人依照我国海商法的规定，向船舶所有人、光船承租人、船舶经营人提出海事请求，对产生该海事请求的船舶具有优先受偿的权利。船舶优先权的行使必须以法院扣押附着船舶优先权的船舶为前提。

【理解与适用】

船舶优先权，是指海事请求人依照我国海商法的规定，向船舶所有人、光船承租人、船舶经营人提出海事请求，对产生该海事请求的船舶具有优先受偿的权利。船舶优先权本质上是某些法定的特殊海事债权人所享有的一种以船舶为主要标的，具有很高位次的担保物权。它是海商制度中的特有制度。船舶优先权本身具有很强的法定性，它的项目、标的和受偿位次等必须依照法律规定，当事人不能通过约定排除船舶优先权的发生或是改变实现方式及实现顺序。同时，船舶优先权的行使亦不会受到船舶所有权变更的影响。不论船舶所有权变更为何人，船舶优先权均可附着在船舶之上并追及船舶所在之处得以实现。此外，船舶优先权不同于船舶所有权和抵押权的登记对抗主义，其存在具有一定秘密性，不必登记即可对抗第三人。

当然，船舶优先权存在一定的局限性，其可能由于时效或权利人怠于行使的行为而归于消灭。为防止权利人“躺在权利上睡觉”的行为，同时为平衡船舶优先权权利人与义务人之间的利益，海商法规定，船舶优先权有效期为一年。如果债权人不及时行使其优先权，则船舶优先权即消灭。

一、当事人与标的物

（一）当事人

船舶优先权的当事人包括权利人和义务人。船舶优先权的权利人为海事请求人，义务人为船舶所有人、光船承租人或船舶经营人。海事请求人，即享有海事请求权者。海事请求权是指与海运船舶的建造、买卖、租赁、营运、操作、救助以及船舶的所有权、占有权、抵押权、优先受偿权等有关的或者由此产生的索赔权利。光船租赁人，又称光船承租人，是指依照租船合同对船舶行使占有、使用和获得船舶经营收益的人。

（二）标的物

船舶优先权的标的各国规定不同，有的较为宽泛，包括船舶、船舶属具、运费、从属权利或利益，有的则较为狭窄，仅包括船舶，如我国海商法第21条的规定。这里的船舶依照海商法第3条的规定应当包括船舶属具。

二、船舶优先权产生原因

船舶优先权的产生原因即导致船舶优先权产生的海事请求，又称为船舶优先权项目。由于船舶优先权具有秘密性，无须登记且可追及船舶所在处行使，故法律规定的优先权项目越少，船舶上可能存在的海事请求就越少，船舶继受者的权利就越安全。

根据我国海商法的规定，下列各项海事请求具有船舶优先权：

其一，船长、船员和在船上工作的其他在编人员根据劳动法律、行政法规或者劳动合同所产生的工资、其他劳动报酬、船员遣返费用和社会保险费用的给付请求；

其二，在船舶营运中发生的人身伤亡的赔偿请求；

其三，船舶吨税、引航费、港务费和其他港口规费的缴付请求；

其四，海难救助的救助款项的给付请求；

其五，船舶在营运中因侵权行为产生的财产赔偿请求。

载运2000吨以上的散装货油的船舶，持有有效的证书，证明已经进行油污损害民事责任保险或者具有相应的财务保证的，对其造成的油污损害的赔偿请求，不属于前述第五项规定的范围。第一项中，在编人员指的是船舶的在编人员，随船押送人员、随船修船人员等不在此列。第二项中的“人身伤亡”不止包括作为合同关系主体的旅客的人身伤亡，还包括船舶碰撞等侵权行为引起的人身伤亡。第三项中在港口发生的费用存在一定的限制，仅包括船舶吨税、船舶港务费、引航费等，不包括装卸费一类的服务费。第四项中“救助款项”参照我国海商法第172条第3项的相关规定包括救助报酬、酬金或者补偿。第五项中“财产赔偿请求”仅限于船舶运营过程中的侵权行为产生的请求，不包括合同关系产生的请求。

三、船舶优先权行使、消灭及实现顺序

（一）船舶优先权的行使

关于船舶优先权实现方式，我国海商法第28条规定，船舶优先权应当通过法院扣押产生优先权的船舶行使。即船舶优先权的行使必须以法院扣押附着船舶优先权的船舶为前提。目前，中国海商制度中船舶优先权实现适用1999年颁布的海事诉讼特别程序法和《海诉法司法解释》的相关规定，主要包括船舶扣押、船舶拍卖、权利登记、价款分配四个主要环节。

1. 船舶扣押

在船舶扣押方面，海事诉讼特别程序法第23条规定了五种法院可扣押船舶的情形，其中第五项即为船舶优先权。一般而言，海事请求人是不得由于同一海事请求申请扣押已经被扣押过的船舶，但是有例外情形：（1）被请求人未提供充分的担保；（2）担保人有可能不能全部或者部分履行担保义务；（3）海事请求人因合理的原因同意释放被扣押的船舶或者返还已提供的担保；或者不能通过合理措施阻止释放被扣押的船舶或者返还已提供的担保。海事请求保全扣押船舶一般期限为30日，但如果请求人在船舶扣押后30日内提起诉讼或申请仲裁，或者请求人在诉讼或仲裁过程中申请扣押船舶，那么船舶扣押不受该时间限制。

2. 船舶拍卖

船舶拍卖发生在船舶扣押期间届满但被请求人不提供担保且船舶不宜继续扣押的情形下，需要由海事请求人向处理该海事纠纷的海事法院提出申请。法院在收到申请后进行审查，裁定拍卖的，应当通过报纸或者其他新闻媒体发布不少于30日的公告。若该被扣押船舶为外籍，还应当通过对外发行的报纸或者其他新闻媒体发布公告。当事人对裁定不服的，可在收到裁定书之日起5日内申请复议一次。拍卖船舶30日前法院应当以适当方式通知被拍卖船舶登记国的登记机关和已知的船舶优先权人、抵押权人和船舶所有权人。

船舶拍卖的具体实施由拍卖船舶委员会进行。竞买人需要在规定期限

内向该委员会登记。买受人在签署拍卖成交确认书后，一般应当立即交付不低于百分之二十的船舶价款，并在7日内结清余款。价款付清后，原船舶所有人应当在指定的期限内于船舶停泊地以船舶现状向买受人移交船舶。移交后，拍卖船舶委员会与买受人签署船舶移交完毕确认书。值得注意的是，对于船舶司法出售国际承认问题，中国与各国海商法协会于2012年CMI北京会议上形成了《关于外国船舶司法出售及其承认的国际公约草案》，该草案于2014年6月17日正式通过。

3. 权利登记

债权人应当在法院裁定强制拍卖船舶的公告期间申请债权登记。期间不登记的视为放弃本次拍卖船舶价款中受偿的权利。法院经过审查仅允许提供债权证据的债权人登记。债权证据一般包括证明债权的具有法律效力的判决书、裁定书、调解书、仲裁裁决书和公证债权文书，以及其他证明具有海事请求的证据材料。如果提供的是其他海事请求证据，债权人应当在办理债权登记以后，在受理债权登记的海事法院提起确权诉讼，当事人之间事前已经存在仲裁协议故应及时仲裁的除外。该诉讼一审终审，不得上诉。

4. 价款分配

在审理并确认债权后，法院组织召开债权人会议，该会议可协商提出船舶价款或者提出赔偿责任限制基金的分配方案，签订受偿协议。该协议须经法院裁定认可后具有法律效力。如果协商不成，则由法院依据我国海商法裁定船舶价款或者海事赔偿责任限制基金的分配方案。拍卖所得价款、利息或者海事赔偿责任限制基金及其利息，一并予以分配。责任人应承担的诉讼费用、拍卖产生的费用等自该价款中先行拨付。

（二）船舶优先权实现顺序

船舶优先权的实现顺序包括四个层次：

一是船舶优先权实现成本与其他全部债权（包括船舶优先权所担保债权）之间的顺序；

二是船舶优先权所担保债权与其他普通债权之间的顺序；

三是船舶优先权所担保的各个债权之间的顺序；

四是船舶优先权所担保的债权中同类债权的受偿顺序。

我国海商法第 24 条规定，因行使船舶优先权产生的诉讼费用，保存、拍卖船舶和分配船舶价款产生的费用，以及为海事请求人的共同利益而支付的其他费用，应当从船舶拍卖所得价款中先行拨付。因此，船舶优先权实现成本最先受偿。该条中所称“保存、拍卖船舶和分配船舶价款产生的费用”和“为海事请求人的共同利益而支付的其他费用”，指的是自扣押船舶之日起发生的船舶保养维修费用、船员生活费用、看守费、保存费等。

船舶优先权与其他债权之间的实现顺序，我国海商法明确规定船舶优先权最先受偿。

关于船舶优先权所担保的各个债权之间的实现顺序，我国海商法第 22 条规定了基本原则：

第一，其他债权提供受偿基础的债权优先于其他全部债权实现；

第二，除提供受偿基础的债权外，船员雇佣合同产生的债权最优先实现；

第三，侵权引起的债权优先于其他合同产生的债权而实现；

第四，人身伤亡债权优先于财产损害的债权而实现。

海难救助阻止了船舶的灭失，为其他船舶优先权的存在创造了条件，故应当排在第一位，这一点在我国海商法第 23 条的但书中得到体现。

在船舶优先权所担保的同类债权之中，如果均为海难救助款项，基于其特殊性质，采用“时间倒序原则”，后发生的先实现。其他同类债权，如果剩余拍卖价款足够实现全部债权的，则同类债权不分先后同时实现；如果无法全部实现，则同类债权按比例实现。

（三）船舶优先权的消灭

船舶优先权的存在及其秘密性和追及性的特征，使得船舶继受人的权利极易处于不稳定的状态之中。

为了平衡利益，海商制度中规定了一系列船舶优先权消灭的情形：

1. 因担保债权消灭而消灭

船舶优先权具备的担保物权从属性特征使其跟随主债权的消灭而消灭。

2. 法律规定时效届满消灭

我国海商法规定的船舶优先权时效为一年，期满未行使即消灭。

3. 因拍卖而消灭

法院对船舶进行强制出售时，给予债权人主张权利的机会。如果债权人怠于行使则船舶优先权消灭。另外，债权人可以在拍卖后提出异议的情形包括拍卖者无管辖权、拍卖违反程序、拍卖中恶意串通或者拍卖标的错误。

4. 因船舶灭失而消灭

由于船舶优先权是依附于船舶而存在。一旦船舶在物质上灭失或损毁、拆散为不构成海商法意义上船舶的零件，那么船舶优先权将会由于标的的缺失而消灭。

5. 公告消灭

海事诉讼特别程序法第124条、第125条明确规定船舶优先权的催告期间为60日。在该期间船舶优先权人主张权利的，需要在海事法院办理登记。如果权利人未在规定期间内主张权利，则视为放弃船舶优先权，船舶优先权因此消灭。

【风险提示】

1. 船舶优先权催告期间，船舶优先权人主张权利的，应当在海事法院办理登记；不主张权利的，视为放弃船舶优先权。

2. 船舶优先权有效期为1年。自优先权产生之日起满1年不行使，则船舶优先权消灭。

【相关案例】

可汗船务私人有限公司与王某某船舶碰撞纠纷上诉案

巴拿马籍“胜利”轮卸货出港过程中碰撞王某某所有“鲁崂渔0318”船后驶离现场。“鲁崂渔0318”船体破损严重，进水太多，排水无效沉没。事故发生后，据海事相关部门排查，发现“胜利”轮有重大肇事嫌疑，但该轮已经驶离中国领海。驶离后，“胜利”轮被转让给可汗船务私人有限公司（以下简称可汗公司），并正式更名为“可汗”轮。王某某得知“胜利”轮已更名为“可汗”轮并再次到达青岛港后，向原审法院申请扣押“可汗”轮。对于可汗公司在船舶转让后是否应承担法律责任的问题，法院认为，王某某作为“鲁崂渔0318”船的船舶所有人身份在碰撞事故发生之后的一年之内向法院申请扣押船舶的行为，系王某某行使船舶优先权的行为。可汗公司在受让“胜利”轮的同时，即承担了与该轮有关的享有船舶优先权的海事债务。可汗公司自行在报纸上办理取得“可汗”轮船舶所有权的公告，非经法定的优先债权的公示催告程序，不导致该轮的优先权的灭失，可汗公司应承担该责任。

【法条指引】

中华人民共和国海商法（节录）

第二十二条 下列各项海事请求具有船舶优先权：

（一）船长、船员和在船上工作的其他在编人员根据劳动法律、行政法规或者劳动合同所产生的工资、其他劳动报酬、船员遣返费用和社会保险费用的给付请求；

（二）在船舶营运中发生的人身伤亡的赔偿请求；

（三）船舶吨税、引航费、港务费和其他港口规费的缴付请求；

（四）海难救助的救助款项的给付请求；

（五）船舶在营运中因侵权行为产生的财产赔偿请求。

载运2000吨以上的散装货油的船舶，持有有效的证书，证明已经进行油污损害民事责任保险或者具有相应的财务保证的，对其造成的油污损害的赔偿请求，不属于前款第（五）项规定的范围。

第二十四条 因行使船舶优先权产生的诉讼费用，保存、拍卖船舶和分配船舶价款产生的费用，以及为海事请求人的共同利益而支付的其他费用，应当从船舶拍卖所得价款中先行拨付。

第二十六条 船舶优先权不因船舶所有权的转让而消灭。但是，船舶转让时，船舶优先权自法院应受让人申请予以公告之日起满六十日不行使的除外。

中华人民共和国海事诉讼特别程序法（节录）

第一百二十四条 海事法院在准予申请的裁定生效后，应当通过报纸或者其他新闻媒体发布公告，催促船舶优先权人在催告期间主张船舶优先权。

船舶优先权催告期间为六十日。

第一百二十五条 船舶优先权催告期间，船舶优先权人主张权利的，应当在海事法院办理登记；不主张权利的，视为放弃船舶优先权。

第三章

船　员

船员作为一种特殊的职业，中国并未制定专门的船员法，而是在海商法第三章中作出了有限的专门规定。同时，国务院制定了《中华人民共和国船员条例》，对船员进行比较具体的规定。在国际公约方面，中国参加了《1978 年海员培训、发证和值班标准国际公约》（简称为《STCW 公约》），目前适用 1995 年修正的公约。为适用该公约要求，2004 年制定施行《中华人民共和国海船船员适任考试、评估和发证规则》（已废止），现为 2017 年 3 月修订后的《中华人民共和国海船船员适任考试和发证规则》。除上述公约外，中国还批准了包括《海员协议条款公约》等 20 多个国际公约。

第一节　船　　员

【规则要点】

船员是指包括船长在内的船上一切任职人员，即在船上工作的人。船员的任用方式主要有两种：聘任制和雇用制。船员外派是指国内外派船员主体向外国雇主派出船员，船员在船舶上工作并以出售劳务技能获取工作报酬的过程，可分为全套船员外派和部分船员外派。

【理解与适用】

根据我国海商法规定，船员是指包括船长在内的船上一切任职人员。

因此，这里的船员包括普通船员和高级船员，甚至船长等一切船员。“在船上”要求船员必须是在船上工作的人员，船舶修理人、船舶代理人、验船师虽然也为船舶服务，但由于其不具备在船上工作这一点，因此不属于船员。同理，旅客也不属于船员。

“任职人员”一词将船员的范围限制为一般条件和具体条件：一般条件为具有船员证书，具体条件则是与具体船舶的船舶所有人签订了船员雇佣合同的人。如果是船公司的其他职员，虽然也受到了船舶所有权人的雇佣，甚至可能已经取得了船员资格证书，但由于其只是在船公司从事经营管理或其他工作，并未真正服务于船上，这样的人也不属于船员。

我国船员条例则进一步明确规定：“本条例所称船员，是指依照本条例的规定经船员注册取得船员服务簿的人员，包括船长、高级船员、普通船员。本条例所称船长，是指依照本条例的规定取得船长任职资格，负责管理和指挥船舶的人员。本条例所称高级船员，是指依照本条例的规定取得相应任职资格的大副、二副、三副、轮机长、大管轮、二管轮、三管轮、通信人员以及其他在船舶上任职的高级技术或者管理人员。本条例所称普通船员，是指除船长、高级船员外的其他船员。”该条例对于船员这一身份有了更为明确的种类划分，分为高级船员和一般船员两类，船长属于高级船员一类，而一般船员则是在高级船员以外的在船服务人员，按业务部门可以分为驾驶部船员、轮机部船员和事务部船员。

一、船员资格

船员在海航的安全性上具有重要作用，因此一般会对船员的资格进行严格的限制和管理。

（一）船员服务簿

我国船员条例第 7 条规定，船员服务簿是船员的职业身份证件，应当载明船员的姓名、住所、联系人、联系方式以及其他有关事项。船员服务簿记载的事项发生变更的，船员应当向海事管理机构办理变更手续。而取得船员服务簿的前提是进行船员注册。

依据船员条例相关规定，申请船员注册应当向海事管理机构提出书面的申请，并附送相关证明材料。只有符合条件的船员才能予以注册，并发给船员服务簿。

船员注册条件包括：

（1）年满18周岁（在船实习、见习人员年满16周岁）但不超过60周岁；

（2）符合船员健康要求；

（3）经过船员基本安全培训，并经海事管理机构考试合格。

如果是申请注册国际航行船舶船员的，还应当通过船员专业外语考试。注册申请可以由本人提出，也可由代理人提出。海事管理机构自受理船员注册申请之日起10日内作出是否注册的决定。若该申请人被依法吊销船员服务簿尚未满5年，则不得予以注册。

（二）船员适任证书

关于船员适任证书，我国船员条例第10条规定，申请船员适任证书，应当向海事管理机构提出书面申请，并附送申请人符合本条例第9条规定条件的证明材料。对符合规定条件并通过国家海事管理机构组织的船员任职考试的，海事管理机构应当发给相应的船员适任证书。该条表明海事管理机构是被申请机关，只有通过任职考试的船员才能取得船员适任证书。根据船员条例第14条规定，如果是曾经在军用船舶、渔业船舶上工作的人员，或者持有其他国家、地区船员适任证书的船员，申请船员适任证书时经海事管理机构批准可以免除船员培训和考试的相应内容。

中国加入了国际海事组织所制定的《STCW公约》，并为配合该公约制定了海船船员适任考试和发证规则。该规则将船员适任证书的申请条件规定为一般条件和特别条件。

一般条件规定在《STCW公约》第11条，包括：

（1）持有有效的船员服务簿；

（2）符合国家海事管理机构规定的海船船员任职岗位健康标准；

（3）经过相应的船员适任培训；

（4）具备相应的海上任职资历，并且任职表现和安全记录良好；

（5）通过相应的适任考试。

拟在油船、化学品船、液化气船、客船、高速船等特殊类型船舶上任职的船员，还应当具备规定的培训、资历等特殊要求。

除此之外，船员条例第12条还规定，中国籍船舶的船长应当由中国籍船员担任。

船员适任证书应当注明船员适任的航区（线）、船舶类别和等级、职务以及有效期限等事项，其有效期不超过5年。

（三）海员证

中华人民共和国海员证是中国籍船员在境外执行任务时表明其中华人民共和国公民身份的证件。中华人民共和国海员证遗失、被盗或者损毁的，应当向海事管理机构申请补发。船员在境外的，应当向中华人民共和国驻外使馆、领馆申请补发。中华人民共和国海员证的有效期不超过5年。我国海商法第33条规定，从事国际航行的船舶的中国籍船员，必须持有中华人民共和国港务监督机构颁发的海员证和有关证书。船员条例第15条规定，以海员身份出入国境和在国外船舶上从事工作的中国籍船员，应当向国家海事管理机构指定的海事管理机构申请中华人民共和国海员证。

申请中华人民共和国海员证的条件包括：

1. 为中国公民；

2. 持有国际航行船舶船员适任证书或者有确定的船员出境任务；

3. 无法律、行政法规规定禁止出境的情形。

二、船员任用与外派

（一）船员的任用方式及任用协议

1. 船员任用方式

实践中，船员的任用方式主要有两种：聘任制和雇用制。聘任制下不同身份的船员有不同的要求，其对普通船员采取直接聘任的方式，但是对于高级船员，则要求其预先通过考试取得适任证书之后，才会进行聘任并委任相应的职务。采用聘任制的船公司将会与船员签订长期的劳动协议。聘任制是中国自计划经济时代开始且到目前依然存在的船员任用方式。

随着中国加入世贸组织后服务业开放和船员劳务市场的形成，雇佣制越来越多地运用到实践之中。雇佣制中船员并非某船公司签订协议的长期员工，而是自由职业者，其和船东之间签订的是非长期的船员雇佣协议。采用雇佣制，一般由船员向劳动服务机构提出申请，之后由劳动服务机构与船东或雇主直接签订船员劳务合同。

2. 船员任用协议

船员任用协议是指船舶所有人等雇主与船员签订的，约定在一定或不定的期限内，由船员向雇主提供服务，雇主向船员支付报酬的协议。为保护船员合法权益，中国加入了国际劳工组织1926年通过、1928年生效的《海员协议条款公约》。由于该公约涉及多个国家的法律和现实背景不同，因此其大多数适用的是国内法来解决相应问题。在协议的签订问题上，《海员协议条款公约》第3条规定，海员协议条款，应当由船主或者其代表与海员双方签订，签字之前必须给予海员及其顾问审查协议条款的必要便利。海员应当依照国家法律规定的条件签订协议从而取得主管机关的监督和保护。国家法律中也应当对于手续等有适当的规定，保证海员对于协议有明确真实的了解、保护船主与海员的利益。

在协议的内容上，根据《海员协议条款公约》规定，其必载明下列项目：

（1）海员的姓名、出生日期或年龄及其出生地；

（2）订立协议的地点及日期；

（3）海员从事服务的船舶的名称；

（4）如为国家法律所规定时，船员的人数；

（5）可以在订约时决定的承担的航程；

（6）海员所担任的职务；

（7）具备可能性时，海员须报告上船服务的地点及日期；

（8）国家法律未另作规定时的海员给养标准；

（9）工资数额；

（10）协议的终止及其条件；

（11）海员在同一轮船公司服务满一年后每年给予的工资照付的假期，如此种假期为国家法律所规定者；

（12）国家法律规定的其他项目。

此外，协议中还必须载明双方的权利与义务。协议可以是定期的也可以是订明的一次航程。如果国家的法律许可，还可以订立无定期的协议。

关于协议的终止，首先是自然终止的情形。根据《海员协议条款公约》规定，凡订明一次航程或有定期或无定期的协议，如遇下列情况，应属当然终止：

（1）双方同意；

（2）海员死亡；

(3) 船舶损失，或完全不适于航海；

(4) 国家法律或本公约所规定的其他原因。

此外，还有其他原因的终止。《海员协议条款公约》第6条规定，协议的终止及其条件如下：①如协议有定期者，其规定的期满日期；②如协议订明一次航程者，其航行之目的港，以及到达目的港后海员应被解雇前所须经历的时间；③如协议无定期者，任何一方当事人有权解约的条件及解约所需有的预告期间，但船主的预告期间不得短于海员。

(二) 船员的外派方式

船员外派是指国内外派船员主体向外国雇主派出船员，船员在船舶上工作并以出售劳务技能获取工作报酬的过程。外派主体可能是中国航运公司、专门成立的船员公司或者劳动中介机构。依据向外国雇主派出全部还是部分船员可分为全套船员外派和部分船员外派。

全套船员外派指中国船员主体向外国雇主的船舶配备整船的船员。由于船员外派涉及三方主体，该种外派方式通常涉及三种协议：外聘船员劳动协议、船舶配员协议以及海外雇主与外派船员协议。外聘船员劳动协议是外派船员公司与外派船员之间签订的协议，涉及的是船员外派期间的工作时间和内容、履约方式、劳动报酬、休假、社保等内容。船舶配员协议是中国外派船员公司与外国雇主间签订的协议，其内容是外派船员公司与外国雇主之间的责任划分，包括船员选人、船员资质、船员雇佣期限、船员工资报酬、船员替换、保险损害赔偿等。该协议必须同时符合中国法律和雇主本国法律的规定，从而保证协议的顺利履行。海外雇主与外派船员协议，顾名思义是外国雇主与外派船员之间的协议，该协议直接规定的是船员在船上的服务期限、上下船时间以及船员保证服从雇主管理、保证遵守船上纪律及管理规定等内容。事实上，该协议的性质应当属于规章制度而并非合同，因为船员外派本质上是一种劳务派遣，外派船员与外国雇主之间不存在实质的合同，船员的真正用人单位是中国的船员外派机构，外派机构与其签订劳动合同，支付其工资报酬。而当船员违约时，也是由中国船员外派主体依照其与外国雇主之间的船舶配员协议来承担相应的违约责任，船员本身并不作为对外承担责任的主体。

部分船员外派是指中国外派机构派出一个或几个船员为外国雇主上船服务。外派船员的范围不仅包括本公司的船员，还可以是其他公司的船员或自由船员。部分船员外派的主体主要是劳务中介机构。欲从事外派船员工作的船员需要先与中介机构签订聘用合同，中介机构会与外国雇主签订船员供应合同，该合同主要约定的是中介机构为外国雇主提供一定数量、满足一定资质的船员，以及与该船员提供关系相关的权利义务内容。外派船员与外国雇主之间与全套船员外派关系一样不存在直接的劳动合同关系。

尽管法律上一般认为外派船员与外国雇主之间不存在直接的合同关系，但是在司法实践中常常认定二者之间存在直接的合同关系。这种矛盾的存在主要是因为这实际上是一个保护雇主利益和船员利益的两难问题。如果认定二者之间存在直接的合同关系，那么当中介公司收取外国雇主支付的工资后拖欠船员工资，外派船员即可依据其与外国雇主之间的合同关系要求外国雇主支付工资，则外国雇主很可能面对要支付两份工资的风险。反过来，如果不支持外派船员与外国雇主之间存在直接合同关系，那么当中介公司拖欠工资时，船员就不能通过船舶优先权来保护自己的权利，因为可以适用船舶优先权要求支付工资的船员必须是与船舶所有人或是船舶运营人之间签订了合同的船员，外派船员仅有与中介公司签订的合同显然不能主张船舶优先权，则外派船员合法权益难以得到保护。要平衡这个问题，主要是需要严格规范中介公司的行为，从而使外派船员和外国雇主的利益能够得到合理保护。从制度层面来讲，外派船员与外国雇主之间是不存在直接的合同关系的。

三、船员权利与义务

（一）船员的权利

船员的权利在我国海商法中并无详细的规定，仅在第34条规定，船员的任用和劳动方面的权利、义务，本法没有规定的，适用有关法律、行政法规的规定。具体的内容规定在我国船员条例中，主要有工资报酬、工作时间与休假、职业保障和遣返四方面的内容。

1. 工资报酬

该项权利主要规定在船员条例第29条。船员用人单位应当按时足额向船员发放合理工资。确定船员工资报酬具体金额时，应当充分考虑船员职业的风险性、艰苦性和流动性，任何单位和个人不得克扣船员的工资。除了向已经被外派的船员合理发放工资，船员用人单位还应当向劳动合同处于有效期内的待派船员支付不低于船员用人单位所在地人民政府公布的最低工资。为了确保船员工资的优先性，保护船员工资报酬权利，我国海商法第208条规定："本章规定不适用于下列各项：（一）对救助款项或者共同海损分摊的请求；（二）中华人民共和国参加的国际油污损害民事责任公约规定的油污损害的赔偿请求；（三）中华人民共和国参加的国际核能损害责任限制公约规定的核能损害的赔偿请求；（四）核动力船舶造成的核能损害的赔偿请求；（五）船舶所有人或者救助人的受雇人提出的赔偿请求，根据调整劳务合同的法律，船舶所有人或者救助人对该类赔偿请求无权限制赔偿责任，或者该项法律作了高于本章规定的赔偿限额的规定。"因此，船员的工资报酬请求权不属于船舶所有人责任限制的范围。

另外，根据海商法第22条规定，船员工资属于船舶优先权的一类，这使得船员的工资报酬请求权得到更强的保障。如果船员与用人单位存在劳务合同纠纷，船员可以依据《海诉法司法解释》直接向海事法院提起诉讼而不必劳动仲裁前置，这体现出船员劳务合同纠纷的特殊性以及法律对于船员合法权益的保护。

2. 工作时间与休假

依我国船员条例第30条的规定，船员在船舶上工作时间应当符合国务院交通主管部门规定的标准，不得疲劳值班。在休假方面，船员除了享有国家法定节假日的假期外，还享有在船舶上每工作2个月不少于5日的休假。在船员年休假期间，船员用人单位应当向其支付不低于该船员在船舶上工作期间平均工资的报酬。

3. 职业保障

首先，船员具有参加相应保险的权利，在驶往或者驶经战区、疫区或者运输有毒、有害物质的船舶上工作的船员，用人单位应当为他们办理专门的人身、健康保险，并提供相应的保护措施。

其次，船员用人单位必须保证船员在船舶上生活和工作的场所符合国家船舶检验规范中的相关要求，同时应当为船员提供必要的用品，建立船员健康档案，并为船员定期进行健康检查，从而防止职业疾病。

最后，船员在船工作期间患病或者受伤的，船员用人单位应当及时给予救治；船员失踪或者死亡的，船员用人单位应当及时做好相应的善后工作。

船员用人单位应当依照有关劳动合同的法律法规和中国缔结或加入的有关船员劳动与社会保障国际条约的规定，与船员订立劳动合同。

4. 遣返

船员条例规定了船员可以要求遣返的情形。根据船员条例的规定，有下列情形之一的，船员可以要求遣返：

（1）船员的劳动合同终止或者依法解除的；

（2）船员不具备履行船上岗位职责能力的；

（3）船舶灭失的；

（4）未经船员同意，船舶驶往战区、疫区的；

（5）由于破产、变卖船舶、改变船舶登记或者其他原因，船员用人单位、船舶所有人不能继续履行对船员的法定或者约定义务。

出现相关遣返情形时，船员可以在受招地点、上船地点、船员居住地、户籍所在地、船籍登记国或者与船方约定的地点中自由选择遣返地点。船员遣返费用由船员用人单位支付，包括船员的交通费、合理食宿费以及医疗费用和30公斤行李的运输费用。船员条例第34条规定了该权利受到侵害时的救济方式，船员的遣返权利受到侵害的，船员当时所在地民政部门或者中华人民共和国驻境外领事机构，应当向船员提供援助；必要时，可以直接安排船员遣返。民政部门或者中华人民共和国驻境外领事机构为船员遣返所垫付的费用，船员用人单位应当及时返还。

（二）船员的义务

我国船员条例分别规定了船员和船长的职责。

在船员职责方面，根据船员条例规定，船员在工作期间应当符合下列要求：

1. 带规定的有效证件；

2. 掌握船舶的适航状况和航线的通航保障情况，以及有关航区气象、海况等必要的信息；

3. 遵守船舶的管理制度和值班规定，按照水上交通安全和防治船舶污染的操作规则操纵、控制和管理船舶，如实填写有关船舶法定文书，不得隐匿、篡改或者销毁有关船舶法定证书、文书；

4. 参加船舶应急训练、演习，按照船舶应急部署的要求，落实各项应急预防措施；

5. 遵守船舶报告制度，发现或者发生险情、事故、保安事件或者影响航行安全的情况，应当及时报告；

6. 在不严重危及自身安全的情况下，尽力救助遇险人员；

7. 不得利用船舶私载旅客、货物，不得携带违禁物品。

【风险提示】

在船员外派过程中，如果外派船员违约，则直接由中国船员外派主体依照其与外国雇主之间的船舶配员协议承担相应违约责任，船员本身并不作为对外承担责任的主体。

【相关案例】

余某某与上海亿洲航道工程有限公司船员劳务合同纠纷案

余某某在上海亿洲航道工程有限公司（以下简称亿洲公司）所属并经营的“海亿洲×”轮上工作，在工作期间内，双方并未签订劳动合同。亿洲公司长期拖欠余某某工资未付，为此，余某某等船上船员已经申请扣押了“海亿洲×”轮船，现请求判令：一、亿洲公司向余某某支付拖欠的工资67200.69元人民币（以下币种均为人民币），并支付遣返费用1600元；二、确认余某某就上述第一项所主张的费用，对“海亿洲×”轮船享有船舶优先权。

关于亿洲公司是否应当向余某某支付遣返费用的问题。亿洲公司与余某某之间的船员劳务合同关系，因亿洲公司欠付该船船员工资、船员已经申请将“海亿洲×”轮船扣押而终止。此种情形属于船员条例第31条规定的船员在船工作期间可以要求遣返的几种情形之一，故余某某有权要求遣返。一审判决：一、亿洲公司应于判决生效之日起10日内向余某某支付船员工资67200.69元，并支付遣返费用1600元；二、余某某就判决第一项所确定的债权，对“海亿洲×”轮船享有船舶优先权。二审法院维持一审判决。

【法条指引】

中华人民共和国船员条例（节录）

第五条 申请船员注册，应当具备下列条件：

（一）年满18周岁（在船实习、见习人员年满16周岁）但不超过60周岁；

（二）符合船员健康要求；

（三）经过船员基本安全培训，并经海事管理机构考试合格。

申请注册国际航行船舶船员的，还应当通过船员专业外语考试。

第二十九条 船员用人单位应当根据船员职业的风险性、艰苦性、流动性等因素，向船员支付合理的工资，并按时足额发放给船员。任何单位和个人不得克扣船员的工资。

船员用人单位应当向在劳动合同有效期内的待派船员，支付不低于船员用人单位所在地人民政府公布的最低工资。

第三十条 船员在船工作时间应当符合国务院交通主管部门规定的标准，不得疲劳值班。

船员除享有国家法定节假日的假期外，还享有在船舶上每工作2个月不少于5日的年休假。

船员用人单位应当在船员年休假期间，向其支付不低于该船员在船工作期间平均工资的报酬。

第三十一条 船员在船工作期间，有下列情形之一的，可以要求遣返：

（一）船员的劳动合同终止或者依法解除的；

（二）船员不具备履行船上岗位职责能力的；

（三）船舶灭失的；

（四）未经船员同意，船舶驶往战区、疫区的；

（五）由于破产、变卖船舶、改变船舶登记或者其他原因，船员用人单位、船舶所有人不能继续履行对船员的法定或者约定义务的。

第二节　船　　长

【规则要点】

船长指依照有关规定取得船长任职资格，负责管理和指挥船舶的人员。中国籍船舶的船长一般应当由中国籍船员担任。船长的职能主要包括四项：指挥与管理职能、应变职能、代理职能和准司法职能。

【理解与适用】

船长，是指依照有关规定取得船长任职资格，负责管理和指挥船舶的人员。根据我国船员条例规定，中国籍船舶的船长应当由中国籍船员担任。如果船长出现意外，在航行中死亡或者因故不能执行职务，依据我国海商法规定，应当由驾驶员中职务最高的人代理船长职务。在下一港口开航前，船舶所有人应当指派新船长接任。船长的职能主要包括四项：指挥与管理职能、应变职能、代理职能和准司法职能。

一、指挥与管理职能

我国海商法规定，船长负责船舶的管理和驾驶。船长在其职权范围内发布的命令，船员、旅客和其他在船人员都必须执行。这是船长的基本职能。

船长行使指挥与管理职能的具体要求，规定在船员条例，主要包括以下六项：

1. 保证船舶和船员携带符合法定要求的证书、文书以及有关航行资料；

2. 制订船舶应急计划并保证其有效实施；

3. 保证船舶和船员在开航时处于适航、适任状态，按照规定保障船舶的最低安全配员，保证船舶的正常值班；

4. 执行海事管理机构有关水上交通安全和防治船舶污染的指令，船舶发生水上交通事故或者污染事故的，向海事管理机构提交事故报告；

5. 对本船船员进行日常训练和考核，在本船船员的船员服务簿内如实记载船员的服务资历和任职表现；

6. 船舶进港、出港、靠泊、离泊，通过交通密集区、危险航区等区域，或者遇有恶劣天气和海况，或者发生水上交通事故、船舶污染事故、船舶保安事件以及其他紧急情况时，应当在驾驶台值班，必要时应当直接指挥船舶。

二、应变职能

应变职能，是指船长在情况紧急时，为了维护船舶、船上人员及其所载货物的安全而采取非常措施应对突发事件的权利。该职能规定在我国海商法第38条中："船舶发生海上事故，危及在船人员和财产的安全时，船长应当组织船员和其他在船人员尽力施救。在船舶的沉没、毁灭不可避免的情况下，船长可以作出弃船决定；但是，除紧急情况外，应当报经船舶所有人同意。弃船时，船长必须采取一切措施，首先组织旅客安全离船，然后安排船员离船，船长应当最后离船。在离船前，船长应当指挥船员尽力抢救航海日志、机舱日志、油类记录簿、无线电台日志、本航次使用过的海图和文件，以及贵重物品、邮件和现金。"该条将船长的职能划分为决定弃船、处置货物物品、人员救助、证据保存和事故报告五项。

在船舶的沉没、毁灭已经无法避免时，船长有权作出弃船的决定。但是，除了在紧急情况之下，该项决定必须报请船舶所有人同意。在实践中，对于"紧急情况"的判断处于一种模糊的地带，不同的主体、不同的环境可能会出现不同的判断结果，而这种模糊可能会影响船长必要职能的行使。因此，国际海事组织A443号决议通过船长的决定弃船职能成为一项绝对权利。但是该决议尚未在中国海商制度中明文体现。

如果船长发现有人未经批准将易燃、易爆、有毒物质等危险物质带上船舶，可以决定强制保管或直接丢弃。如果发现船上货物属于危险品、污染品或在运输中为装货港、卸货港、挂靠港或其他任何地方、水域的法律或规章所禁止，那么船长有权决定将货物卸货或投海，或者采取其他使货物无害的措施。即使该危险货物是承运人同意后上船的，如果其对船舶造成实质危险，船长也可以作出处置决定且不承担赔偿责任。

在船舶发生事故，危及船上人员生命安全时，船长有权采取一切可能的措施进行救援。如果船长已经作出弃船决定，那么船上一切人员必须听从船长的命令，按照旅客、船员、船长的顺序有序离船。该顺序属于法律的强制性规定，不得人为变更。船长在离船前，应当指挥船员尽力抢救航海日志、机舱日志、油类记录簿、无线电台日志、海图文件以及贵重物品、邮件和现金。

在事故发生后，船长应当将本次事故制作成制度报告书，载明事故的详细经过，报送至事故发生后最初到达的中国港口海事机关。如果该事故发生在国外，则船长应当将事故报告书报送到就近的中国使领馆，但是事后仍须向船籍港的海事机关报送海损事故报告书。海损事故报告书中应当附有事故发生时的两名以上目击船员或旅客出具的书面证明。

三、代理职能

船长的代理职能，是指在航行途中或者没有船舶所有人的港口，船长可以以承运人的名义，在法律规定或授权范围内，处理船舶及货物在航行途中出现的相关事宜；或者是在航行中，以船舶所有人的名义，作为其代理人管理相关的航行事务，签发提单，订立船舶拖带合同，等等。除此之外，如果出现航海必要出售船舶多余用品的情况，船长可以直接决定。在船舶遭遇海难的时候，船长也可以行使代理职能，作为船方或货方代理人与海难救助人签订救助合同。

四、准司法职能

船长的准司法职能，是指制止违法、防止犯罪、维护船舶安全和秩序职能。由于海上环境的特殊性，船舶形成了一个相对封闭的小社会，因此法律赋予了船长一定的准司法权，使其能够制止船上违法犯罪，维持船舶的治安。该种准司法权表现在刑事和民事两个方面。

在刑事方面，我国海商法第 36 条规定："为保障在船人员和船舶的安全，船长有权对在船上进行违法、犯罪活动的人采取禁闭或者其他必要措施，并防止其隐匿、毁灭、伪造证据。船长采取前款措施，应当制作案情报告书，由船长和两名以上在船人员签字，连同人犯送交有关当局处理。"船长的这种权利是一种有限的权利，船长本身是无权对案件采取实质性处理措施的。在有效阻止犯罪活动后，船长应当将犯罪嫌疑人连同有关证据一并移交有关当局处理。这里所说的有关当局，实践中一般理解为船舶最初到达港口的中国公安机关。如果船舶在国外，则指的是中国驻当地的使领馆。

在民事方面，船长起到的是一种公证的作用，其可以对一些民事法律文书、法律事实的真实性、合法性进行证明。我国海商法第 37 条规定："船长应当将船上发生的出生或者死亡事件记入航海日志，并在两名证人的参加下制作证明书。死亡证明书应当附有死者遗物清单。死者有遗嘱的，船长应当予以证明。死亡证明书和遗嘱由船长负责保管，并送交家属或者有关方面。"这里所言有关方面，可以是船舶最初停泊的中国港口的海事机关，也可以是驻外国港口的中国使领馆。此外，在实践中，如果航行中发生死亡，且距离下一停靠港的航程较长，尸体无法保管，船长可以依照航海惯例，为死者举行海葬，并在死亡证明书上予以注明。这一点并未在我国海商法中明文规定，主要是考虑到海葬本身属于航海习惯。

如果船舶上存在引航员上船引航的情形，就会出现引航员与船长之间的分工问题。我国海商法第 39 条规定："船长管理船舶和驾驶船舶的责任，不因引航员引领船舶而解除。"在船舶进入引航区后，船长需要服从引航员的决定，听从引航员的引领，但是这并不意味着引航员具备独立的决定权和指挥权。在出现引航员违反避碰规则时，船长甚至可以推翻引航员的决定。如果由于引航员的过失引起了海损事故，应当采用"替代责任"原则，由替代船长负责的船舶所有人来承担责任。

【风险提示】

1. 船长享有有限度的准司法权，其本身无权对案件采取实质性处理措施。在有效阻止犯罪活动后，船长应当在条件具备之时将犯罪嫌疑人与证据移交有关当局。

2. 引航员的存在不影响船长管理船舶和驾驶船舶的责任。

【法条指引】

中华人民共和国船员条例（节录）

第二十二条　船长管理和指挥船舶时，应当符合下列要求：

（一）保证船舶和船员携带符合法定要求的证书、文书以及有关航行资料；

（二）制订船舶应急计划并保证其有效实施；

（三）保证船舶和船员在开航时处于适航、适任状态，按照规定保障船舶的最低安全配员，保证船舶的正常值班；

（四）执行海事管理机构有关水上交通安全和防治船舶污染的指令，船舶发生水上交通事故或者污染事故的，向海事管理机构提交事故报告；

（五）对本船船员进行日常训练和考核，在本船船员的船员服务簿内如实记载船员的服务资历和任职表现；

（六）船舶进港、出港、靠泊、离泊，通过交通密集区、危险航区等区域，或者遇有恶劣天气和海况，或者发生水上交通事故、船舶污染事故、船舶保安事件以及其他紧急情况时，应当在驾驶台值班，必要时应当直接指挥船舶；

（七）保障船舶上人员和临时上船人员的安全；

（八）船舶发生事故，危及船舶上人员和财产安全时，应当组织船员和船舶上其他人员尽力施救；

（九）弃船时，应当采取一切措施，首先组织旅客安全离船，然后安排船员离船，船长应当最后离船，在离船前，船长应当指挥船员尽力抢救航海日志、机舱日志、油类记录簿、无线电台日志、本航次使用过的航行图和文件，以及贵重物品、邮件和现金。

第四章

海上运输合同

海上运输合同包括海上货物运输合同和海上旅客运输合同。

第一节 海上货物运输合同

【规则要点】

海上货物运输合同，是指承运人收取运费，负责将托运人托运的货物经海路由一港运至另一港的合同。按照船舶本身的经营方式的不同，海商货物运输合同分为航次租船合同和杂货运输合同；按照运输方式的不同，海商货物运输合同可以分为直达运输合同和多式联运合同。合同的主体包括承运人和托运人。

【理解与适用】

海上货物运输合同，是指承运人收取运费，负责将托运人托运的货物经海路由一港运至另一港的合同。这里的“货物”，包括活动物和由托运人提供的用于集装货物的集装箱、货盘或者类似的装运器具。这表明，海上货物运输合同的主体为两方，即承运人和托运人，承运人包括与托运人实际订立运输合同的船舶所有人或承租人，托运人则是将货物交给承运人承运，并按约定付给运费的人。海上货物运输合同的履行方式是海上运输，是港口到港口的海路运输。

海商货物运输合同存在不同的分类。按照船舶本身的经营方式的不同，分为航次租船合同和杂货运输合同；按照运输方式的不同，可以分为直达运输合同和多式联运合同。

航次租船合同是指船舶出租人依照合同约定的一个航次或几个航次为承租人运输货物、承租人依照约定支付价款的海上货物运输合同。班轮运输合同又称件杂货运输合同或者零担运输合同，是指承运人将托运人的件杂货以固定航线、固定航期、固定运费率的方式运往目的地的运输合同。这种合同通常使用提单方式表现，故又被称为提单运输方式。目前调整海上货物运输合同的公约主要包括《统一提单的若干法律规定的国际公约》（即《海牙规则》）、《修改统一提单若干法律规定的国际公约议定书》（即《维斯比规则》）和《联合国海上货物运输公约》（即《汉堡规则》）。2009年通过了《联合国全程或部分海上国际货物运输合同公约》（即《鹿特丹规则》）。中国海商制度中有关海上货物运输的内容基本上是参照上述公约规定同时结合中国国情进行规范。

一、合同当事人

（一）提单运输合同当事人

提单运输合同的当事人为承运人和托运人。任何一份合同均会具有当事双方。除此之外，具体合同中还可能会涉及实际承运人和收货人。概括而言，承运人享有收取运费的权利，承担运送货物的义务，而托运人享有要求承运人履行运送货物义务的权利，承担着支付相应价款的义务。当事人的具体概念主要规定在我国海商法第 42 条中。

1. 当事人种类

（1）承运人

依据我国海商法的规定，承运人是指本人或者委托他人以本人名义与托运人订立海上货物运输合同的人。承运人可以是船舶所有人、船舶经营人，还可以是租船人。海上货运合同可以由承运人本人签订，也可以由其代理人签订。提单运输关系中承运人一般为船舶所有人。但在租船运输过程中，租船人没有限定，可以是航次租船人、定期租船人或者光船租船人。在航次租船和定期租船的情况下，船员和运输均由船舶所有人控制，提单虽然由船长签署，但是船长是由船舶所有人雇用的，因此，船舶所有人是否应当对托运人承担责任成为一个备受关注的问题。实践中的做法是在提单上加入“承运人识别条款”，明确规定船舶所有人是承运人。除了这种明示的情况，一般仅认为租船人是承运人，而船舶所有人不承担承运人的责任。

（2）实际承运人

实际承运人是指接受承运人委托，从事货物运输或者部分运输的人，包括接受转委托从事此项运输的其他人。这表明实际承运人并未与托运人订立运输合同，而是由于承运人的委托实际从事合同要求的运输活动。实践中这种情况非常常见，在租船、转船、联运的情况下，承运人选择将全程运输或部分运输转委托给其他人来进行。这种实际完成运输的人即实际承运人。实际承运人具有多个种类：如果船舶所有人用自己的船舶来运输，那么实际承运人是注册的船舶所有人；如果船舶是船舶经营人实际运营，那么船舶的实际承运人就是该船舶经营人。关于实际承运人应当承担的责任，我国海商法第60条规定：“承运人将货物运输或者部分运输委托给实际承运人履行的，承运人仍然应当依照本章规定对全部运输负责。对实际承运人承担的运输，承运人应当对实际承运人的行为或者实际承运人的受雇人、代理人在受雇或者受委托的范围内的行为负责。虽有前款规定，在海上运输合同中明确约定合同所包括的特定的部分运输由承运人以外的指定的实际承运人履行的，合同可以同时约定，货物在指定的实际承运人掌管期间发生的灭失、损坏或者迟延交付，承运人不负赔偿责任。”如果承运人和实际承运人对海上运输的货物都负有赔偿责任，那么双方应当在此项责任范围内负连带责任。

（3）托运人

托运人包括两种情况，第一种托运人是本人或者委托他人以本人名义或者委托他人为本人与承运人订立海上货物运输合同的人，又称为订约托运人；第二种托运人是本人或者委托他人以本人名义或者委托他人为本人将货物交给与海上货物运输合同有关的承运人的人，又称为实际托运人。二者的区别在于，订约托运人直接与承运人签订了货物运输合同，而实际托运人是实际交付货物的人，并未与承运人签订合同。我国海商法将实际托运人纳入责任体系，实际托运人同订约托运人一样，应当承担相应的义务，同时也可以享受订约托运人享有的权利。

(4) 收货人

依据我国海商法第 42 条规定，收货人是有权提取货物的人。确定收货人，应当考虑海上货物运输合同中的约定以及提单的转让情况。如果采用签发提单的方式，需要考虑提单的具体种类来判断：签发记名提单，则提单上记名为收货人；签发不记名提单，则提单的持有人为收货人；签发指示提单，则提单的背书人为收货人。在签发不记名提单的情况下，只有以正当手段取得提单的提单持有人才能成为真正的收货人，从而有权提货。如果是航次租船的方式，提单未进行转让，则直接以海上货物运输合同中约定的人为收货人。

2. 当事人责任

(1) 承运人责任

我国海商法中采用的主要是海牙-维斯比体系确定责任基础，同时适量引入《汉堡规则》的相关规定。

① 责任期间

海商法第 46 条规定："承运人对集装箱装运的货物的责任期间，是指从装货港接收货物时起至卸货港交付货物时止，货物处于承运人掌管之下的全部期间。承运人对非集装箱装运的货物的责任期间，是指从货物装上船时起至卸下船时止，货物处于承运人掌管之下的全部期间。在承运人的责任期间，货物发生灭失或者损坏，除本节另有规定外，承运人应当负赔偿责任。前款规定，不影响承运人就非集装箱装运的货物，在装船前和卸船后所承担的责任，达成任何协议。"该条依据是否采用集装箱装运确定了不同的责任期间。

对于未采用集装箱装运的货物，我国海商法采用了《海牙规则》中有关责任期间的规定，即通常的"钩到钩"原则：承运人的责任期间为装船开始卸船为止、货物处于承运人掌管下的全部期间。考虑到现实中承运人收货地点经常是陆地仓库，但承运人在仓库收货到装船的过程中，虽然控制货物却不承担相应的责任，导致对货方明显有欠公平的问题，我国海商法仅规定当事人通过协议可以对装船前和卸船后到仓库之间的过程中的责任加以约定，而未采用《汉堡规则》中较为严格的期间规定。对于采用集装箱装运的货物，我国海商法遵循了《汉堡规则》的规定，承运人的责任期间为装货港接受货物时起，到卸货港交货时止，货物处于承运人掌管下的全部期间。

② 基本责任

承运人的基本责任包括三项，即船舶适航、管货适当和合理绕航。

船舶适航规定在我国海商法第 47 条，承运人在船舶开航前和开航当时，应当谨慎处理，使船舶处于适航状态，妥善配备船员、装备船舶和配备供应品，并使货舱、冷藏舱、冷气舱和其他载货处所适于并能安全收受、载运和保管货物。该规定表明，在程度上，要求为相对适航，只要承运人在主观上已经尽到了谨慎义务，合理地处理船舶使其适航，那么即使船舶在客观上由于某些不能发现或不能预防的原因而客观不适航，承运人亦不必对导致的货损承担责任。在期间上，仅要求承运人在开航前和开航时而非整个航行期间保持船舶适航。如果开航之后船舶发生了不适航的状况导致货损，承运人不必对货方承担赔偿责任。在内容上，具体分为适航、适员和适货三方面。适航要求船舶各个部分运行正常，能够抵御预定航线的一般风险；适员要求妥善配备船员，即船员在数量和质量上应当满足船舶正常航行的要求；适货要求货舱适合装运货物。在主体上，谨慎处理使船舶适航不仅适用于承运人本人，也适用于承运人的受雇人、代理人。如果受雇人、代理人出现过错导致船舶不适航引起货损，承运人也应当承担赔偿责任。

管货适当的要求规定在我国海商法第48条，承运人应当妥善地、谨慎地装载、搬移、积载、运输、保管、照料和卸载所运货物。该条中的“妥善”与“谨慎”同船舶适航中一样属于主观上的要求，“妥善”要求的是承运人及其受雇人在管货时应当具备通常意义上的专业技能，如果货方存在特别要求，那么承运人更应当有与其相适应的管货技能。而“谨慎”则要求承运人及其受雇人具有认真负责的态度。在实践中，码头装卸工人可能由承运人雇佣也可能由货方雇佣，此时承运人对其承担不同程度的责任。如果码头装卸工人是承运人雇佣的，那么承运人对于其过失造成的货损应当承担全部的责任；如果码头装卸工人是货方雇佣的，那么承运人只需要对其尽到合理的监督义务即可。对于货物的积载、运输、保管、照料，承运人承担全部的责任，不考虑在此过程中导致货损的码头装卸工人是否为承运人雇用。

合理绕航一般包括三种情况：

A. 救助或试图救助海上人命或财产；

B. 船舶安全需要而绕航；

C. 合同约定事由导致绕航。

绕航的存在对于货物运输的运费和安全有着非常重大的影响，因此承运人不得无故绕航。我国海商法第 49 条第 1 款规定："承运人应当按照约定的或者习惯的或者地理上的航线将货物运往卸货港。"判断承运人是否绕航的标准，首先考虑合同双方约定的航线；如果合同中没有约定，则依照航海习惯的航线；如果也不存在海上习惯，则采用地理上安全航线中最近的一条。

③ 迟延交货责任

迟延交货在海牙—维斯比体系中并没有具体体现，但是其在海上货物运输实践中非常常见，为了解决这个问题，中国海商制度中部分引入《汉堡规则》关于迟延交货责任的规定。海商法第 50 条第 1 款规定："货物未能在明确约定的时间内，在约定的卸货港交付的，为迟延交付。"一般而言，迟延交货的承运人应当承担的赔偿责任包括货物因迟延而损毁或灭失的赔偿责任，以及因迟延造成的经济损失的赔偿责任。迟延交货责任也可以进行责任限制。我国海商法第 57 条规定："承运人对货物因迟延交付造成经济损失的赔偿限额，为所迟延交付的货物的运费数额。货物的灭失或者损坏和迟延交付同时发生的，承运人的赔偿责任限额适用本法第五十六条第一款规定的限额。"

④ 承运人免责与责任限额

《汉堡规则》与《海牙规则》相比，取消了承运人的航行过失免责。我国海商法吸收了《海牙规则》的 17 项内容，共规定了 12 项免责。

我国海商法规定，在责任期间货物发生的灭失或者损坏是由于下列原因之一造成的，承运人不负赔偿责任：

A. 船长、船员、引航员或者承运人的其他受雇人在驾驶船舶或者管理船舶中的过失；

B. 火灾，但是由于承运人本人的过失所造成的除外；

C. 天灾，海上或者其他可航水域的危险或者意外事故；

D. 战争或者武装冲突；

E. 政府或者主管部门的行为、检疫限制或者司法扣押；

F. 罢工、停工或者劳动受到限制；

G. 在海上救助或者企图救助人命或者财产；

H. 托运人、货物所有人或者他们的代理人的行为；

I. 货物的自然特性或者固有缺陷；

J. 货物包装不良或者标志欠缺、不清；

K. 经谨慎处理仍未发现的船舶潜在缺陷；

L. 非由于承运人或者承运人的受雇人、代理人的过失造成的其他原因。

承运人依照上述规定免除赔偿责任的，除 B 项规定的原因外，应当负举证责任。承运人免责的前提是其已经实现了基本责任义务，违反基本义务的行为不能作为免责资格。关于举证责任，中国海商制度要求承运人举证，只有火灾免责的举证责任由索赔方承担。免责事由既适用于因合同行为导致货损提起的诉讼，也适用于因侵权行为导致货损而提起的诉讼。

关于承运人责任限额，我国海商法第 56 条规定："承运人对货物的灭失或者损坏的赔偿限额，按照货物件数或者其他货运单位数计算，每件或者每个其他货运单位为 666.67 计算单位，或者按照货物毛重计算，每公斤为 2 计算单位，以二者中赔偿限额较高的为准。但是，托运人在货物装运前已经申报其性质和价值，并在提单中载明的，或者承运人与托运人已经另行约定高于本条规定的赔偿限额的除外。货物用集装箱、货盘或者类似装运器具集装的，提单中载明装在此类装运器具中的货物件数或者其他货运单位数，视为前款所指的货物件数或者其他货运单位数；未载明的，每一装运器具视为一件或者一个单位。装运器具不属于承运人所有或者非由承运人提供的，装运器具本身应当视为一件或者一个单位。"

⑤ 活动物与舱面货

将活动物与舱面货包含入货物的规定首次出现在《汉堡规则》中。我国海商法也采用了其中的观点，将活动物和舱面货包含在货物之中。根据我国海商法第 53 条的规定，承运人在舱面上装载货物，应当与托运人达成协议，或者符合航运管理，或者符合有关法律、行政法规的规定。在这样的情况下，如果货物由于此种装载的特殊风险造成了货物灭失或损坏，承运人不必负赔偿责任。但是，如果承运人此种行为并无合同约定、航运惯例或者法律规定的支持，那么对于装载在舱面上产生的特殊风险导致的货物损失，承运人需要承担赔偿责任。

⑥ 实际承运人的责任

实践中，订约承运人经常将货物委托给实际承运人进行运输，当转船后的货物出现损失，订约承运人以自由转船条款为依据主张不承担相应的货损责任，而实际承运人与货方又不存在实际的合同，这就导致货方的损失无人赔偿，给货方带来了极大的风险。《海牙规则》对实际承运人的责任并未进行关注，我国海商法为了保护货方的合法利益、规范实际承运人的行为，引入了《汉堡规则》的相关规定。依据海商法第 42 条第 2 项的规定，实际承运人是受订约承运人委托实际从事货物全部或部分运输的人，且包括接受转委托而从事此项运输的其他人。实际承运人可能出现的情况包括：直达运输中意外情况发生导致转船，转船运输人即为实际承运人；租船运输中承租人与托运人签订了海上运输合同，那么出租人即为实际承运人；联运过程中，二程船的承运人为实际承运人。

我国海商法第 60 条规定，承运人将货物运输或者部分运输委托给实际承运人履行的，承运人仍然应当依照本章规定对全部运输负责。对实际承运人承担的运输，承运人应当对实际承运人的行为或者实际承运人的受雇人、代理人在受雇或者受委托的范围内的行为负责。虽有前款规定，在海上运输合同中明确约定合同所包括的特定的部分运输由承运人以外的指定的实际承运人履行的，合同可以同时约定，货物在指定的实际承运人掌管期间发生的灭失、损坏或者迟延交付，承运人不负赔偿责任。该条表明即使订约承运人已经进行委托，其仍应对运输全程负责。且海商法第 61 条规定："本章对承运人责任的规定，适用于实际承运人。对实际承运人的受雇人、代理人提起诉讼的，适用本法第五十八条第二款和第五十九条第二款的规定。"这说明如果订约承运人和实际承运人均有责任，订约承运人与实际承运人承担的是连带责任，而非仅由订约承运人承担责任。这对于保护货方的利益、规范实际承运人的行为具有重要意义。

（2）托运人责任

有关托运人的责任，主要规定在我国海商法第 66 条至第 69 条。托运人责任主要表现在四个方面。

首先，托运人应当保证其所提供的货物包装的完整性和资料的正确性。

如果托运人由于包装不完整或者所提供的货物资料不正确而导致了承运人的损失，那么托运人需对此承担责任。

其次，托运人应当及时办理货物运输所需要的各种手续，这包括了港口、海关、检验检疫等方面。

如果由于托运人未尽到该项义务造成承运人损失的，那么托运人需对此承担责任。

再次，托运人托运危险品的，必须将其名称、性质及必要措施通知承运人。

如果托运人有所隐瞒，则承运人有权在任何时间、地点依照需要对货物进行处理，如卸下、销毁，且不必承担赔偿责任。即使托运人已经声明了货物的危险性，如果货物已经危及其他货物或船舶以及船上人员，承运人仍可采取上述措施且不负赔偿责任。

最后，托运人应当按时按约定支付运费。

如果托运人与承运人约定货到付款，那么必须在运输单证中特别注明。在运费到付的情况下，运费由收货人支付，如果此项支付未在提单中注明，那么该提单就是运费不由收货人支付的初步证据。

（二）航次租船合同当事人

航次租船合同的当事人包括出租人和承租人。出租人是船舶所有人，同时也是承运人。因此航次租船出租人也必须遵守承运人的有关规定。而承租人一般都是大宗货的货主。当事人的具体责任参照提单运输合同内容。

二、合同订立

一般而言，海上货物运输合同既可以采用书面形式，也可以采用口头形式，但是航次租船合同要求必须采用书面的形式。提单运输如果采用口头形式订立，当事人双方均可要求通过书面形式来确定合同的成立。电报、电传和传真均可以认定为书面形式。法律对于海上货物运输合同的强制性规定并不多，合同内容大多遵循意思自治原则，以当事人约定为准。但是，由于海上货物运输的承运方一般具有较为强大的实力和优势的地位，承运人往往在合同中加入大量的免责条款。为了保护托运方的合法权益，法律规定了一定的最低限度义务，这种义务是强制性的，当事人不能通过约定而排除其适用，违反了该强制性规定的约定，即使双方达成合意仍属无效。我国海商法中这种最低限度义务规定在第 41 条至第 49 条。值得注意的是，虽然承运人和托运人不能通过约定来减轻承运人的责任，但是可以通过约定来增加承运人的责任。

提单运输合同一般以订舱的方式进行。订舱的时候托运人一般需要填写舱单，载明货物的种类、品质、数量、装船期限、装卸港等基本信息。如果承运人在托运单上填写船名并签字，运输合同即成立。

三、合同解除

合同解除的情形规定在我国海商法第四章第六节中。一般而言，海上货物运输合同的解除包括以下三种情形：

1. 船舶在装货港开航之前，托运人可以自由要求解除合同，但是托运人应当向承运人支付约定运费的一半；如果货物已经装船，托运人还必须负担装卸货及其他必要费用。合同中另有约定的除外。

2. 如果船舶在装货港开航之前，因为不可抗力或者其他不能归责于合同双方的原因导致合同无法继续履行，那么双方都具有合同解除权，且均不必向对方承担赔偿责任。除合同另有约定以外，如果已经支付运费，承运人应当将运费退回；货物已经装船的，托运人应当承担装卸费及其他必要费用；已经签发提单的，托运人应当将提单返还承运人。

3. 如果货物已经装运，但是由于不可抗力或其他不可归责于合同双方的原因导致船舶不能在合同中约定的目的港卸货的，除非合同另有约定，船长有权决定将货物在目的港邻近的安全港口或其他地点卸下，且视为承运人已经适当地履行完毕合同。船长在作出决定前，应当充分考虑托运人或收货人的利益。如果船长决定卸载货物，需要及时通知托运人或者收货人。

四、运输单证制度

（一）提单

提单，是指用以证明海上货物运输合同和货物已经由承运人接收或者装船，以及承运人保证据以交付货物的单证。提单中载明的向记名人交付货物，或者按照指示人的指示交付货物，或者向提单持有人交付货物的条款，构成承运人据以交付货物的保证。这表明，提单是海上货物运输合同的证明，是要求承运人交付货物的凭证，其签发于海上货物运输合同成立之后。在这一点上，我国海商法与《汉堡规则》相同。但是，也存在例外情形。如果作为货物买卖合同卖方的托运人在收到提单后将其转让给买方，而买方又将其背书转让给其他受让人，那么由于该受让人本身对初始的海上货物运输合同并不知情，其所持有的提单就在承运人与提单受让人之间变成了货物运输合同本身而非仅为证明。

此外，提单也是承运人出具的用以表明已经接收货物的收据。提单本身载明了许多具有收据性质的内容，例如，货物的包装、数量、重量以及货物表面状况等。如果运输合同在开航之前被解除或者在运输途中被终止，那么托运人可以按照提单上记载的具体内容取回货物。根据我国海商法第 75 条的规定，如果承运人或实际签发提单的人对于提单上载明的内容存有怀疑或者确认不符，那么其可在提单上进行批注，说明不符点或怀疑的依据，或者直接说明无法核对。如果承运人对于提单上记载的内容存有疑义但未进行批注，那么提单就可以作为承运人已经按照所载明状况接受货物或者货物已经装船的初步证据。但是，当提单被背书转让对实际情况不知情的第三方受让人，提单就从初步证据变成了终局性的证据。承运人如果存在质疑，可以向托运人提出抗辩，但是不能以此来对抗不知情的提单受让人。这种规定保证了提单的可流通性。

1. 提单的签发

我国海商法第 72 条规定，货物由承运人接收或者装船后，应托运人的要求，承运人应当签发提单。提单可以由承运人授权的人签发。提单由载货船舶的船长签发的，视为代表承运人签发。提单签发时间一般在货物装船后，又被称为“已装船提单”。提单上所签日期为装船日期，如果装船日期晚于合同约定或者信用证的规定，那么买方可以向卖方提出违约损害赔偿请求。提单包括正本提单和副本提单。正本提单一般是一式两份或三份，份数也是提单的正面载明事项之一。产生多份提单的原因主要包括两个：一是为了避免不适当的迟延，可以通过不同的途径将提单分别发送收货人，使提单尽量在货物到达目的港之前到达；二是为了避免在提单丢失时出现无法提货的现象。每一份正本提单均应有提单签发人的签字，而副本提单则不需要。副本提单不可转让，且一般在显著位置上备注“副本——不可转让”。如果凭借多份提单中的一份提货之后，其他提单即失效。

2. 提单的种类

依据货物是否已经装船，可以分为已装船提单和收货待运提单。已装船提单是指由船长或者承运人的代理人在货物已经装上指定的船舶后签发的提单，其正面载有船名和装船时间，银行一般只接受已装船提单，买方在信用证中一般也要求卖方提供该种提单。收货待运提单又称备运提单，指船方在收货后装船前签发的提单。

依据提单中收货人的抬头，可以分为记名提单、不记名提单和指示提单。记名提单是指正面载明收货人名称的提单，该种提单不能转让。在国际贸易中，除了某些金银珠宝等贵重物品的运输外，一般不使用记名提单。不记名提单指提单正面未载有收货人名称的提单。该种提单收货人一栏空白或者填写“持有人”字样，交付即可转让，承运人直接向提单的持有人交付货物。由于该种提单风险较大故在实践中使用较少。指示提单指提单正面载明了凭指示交付货物的提单。指示提单包括两种，收货人一栏填写“凭指示”字样的称为不记名指示提单，填写“凭某某指示”字样的为记名指示提单。记名指示提单又可以分为托运人指示、收货人指示和银行指示三种。指示提单背书转让，承运人向被背书人交货。背书方式包括记名背书和不记名指示两种。记名背书又称为专门背书，这种背书应当记载被背书人的姓名，同时还需要背书人签字。指示提单经过记名背书之后就成为了记名提单。不记名指示指只需背书人签名而不填写被背书人姓名的背书，指示提单经过空白背书之后就变成了不记名提单。指示提单背书只需要在正本提单上进行，如果有多份正本提单，则在背书正本提单以外的其他正本提单上注明“正本已转让”。

依据提单有无批注，可分为清洁提单和不清洁提单。二者的区别在于提单上是否附加了货物表面状况有缺陷的批注，无批注的为清洁提单，反之为不清洁提单。如果承运人签发了清洁提单，则承运人事后不得以货物包装不良等原因进行抗辩；如果交货时货物受损，则承运人应当承担赔偿责任。银行在结汇时一般只接受清洁提单，买方也不愿接受包装不良的货物，故卖方为了获得清洁提单从而及时收汇，一般会在货物表面状况有缺陷的情况下向承运人提供保函从而换取清洁提单。如果该保函是在装船时已经发现货物表面状况有问题的情形下开出的，那么由于存在欺诈因素，保函无效；如果保函开出的原因是承运人与托运人在货物数量等方面存在分歧但是又无从查验，那么这种保函换取清洁提单的做法就属于商业上的变通，只要托运人与承运人双方不存在恶意串通，且承运人不能确定货物有瑕疵存在，那么此时出具保函可以减少流通中的一些麻烦，此时应当承认该保函的效力。《汉堡规则》中已经明确规定了第二种保函具有效力。

依据运输方式的不同，提单可以分为直达提单、转船提单和联运提单。直达提单指中途不经转船直接将货物运往目的地的提单。转船提单指货物运输不是由一条船直接运到目的港而是在中途转换另一船运往目的港时，船方签发的包括全程的提单。转船提单往往由第一程船的承运人签发。转船提单中只记载了第一程船的名称，第二程船不记名，仅写明“在某地装上替代船转运”的字样。转船提单中中途港名应当写在卸货港一栏，而目的港填写在目的港一栏。对于银行来说，除非信用证中规定可以接受转船提单，一般不接受转船提单。联运提单是指依照联运合同签发的提单，分为海上联运提单和多式联运提单。海上联运提单指由一条以上船舶进行运输时签发的提单，实际上其就是转船提单，而多式联运提单则是指以两种以上运输工具运输时签发的提单。多式联运提单由多式联运经营人签发，签发地一律在货物接收点。

在实际装船时间与提单上记载的装船时间不符的前提下，依据货物是否已经装船，提单可以分为倒签提单和预借提单。倒签提单是指提单中注明的装船日期早于实际装船日期的提单。倒签提单实际上隐瞒了迟延交货的责任，构成对于收货人的欺诈，承运人须对此引起的损失承担责任。预借提单是指当信用证规定的有效期即将届满，货物尚未装船时，托运人为使提单上的装船日期与信用证规定的日期相符，要求承运人在货物装船前签发的已装船提单。预借提单和倒签提单一样隐瞒了货物的实际装船时间，规避了延迟交货的责任。该两种行为均属于欺诈行为。实践中，如果信用证即将到期而托运人无法按期装船，其应要求修改信用证。

3. 提单的内容

提单内容包括正反两方面。正面一般是提单记载的事项和一些声明条款，背面则是双方当事人权利义务的实质性条款。

(1) 提单正面记载事项与声明条款

根据我国海商法规定，提单内容包括下列各项：

① 货物的品名、标志、包数或者件数、重量或者体积，以及运输危险货物时对危险性质的说明；

② 承运人的名称和主营业所；

③ 船舶名称；

④ 托运人的名称；

⑤ 收货人的名称；

⑥ 装货港和在装货港接收货物的日期；

⑦ 卸货港；

⑧ 多式联运提单增列接收货物地点和交付货物地点；

⑨ 提单的签发日期、地点和份数；

⑩ 运费的支付；

⑪ 承运人或者其代表的签字。

提单缺少上述规定的一项或者几项的，不影响提单的性质；但是，提单应当符合海商法的有关规定。实践中典型代表为中国远洋运输公司的“中远提单”，其正面除了抬头处有中文的“中国远洋运输公司”的字样外，提单各栏内容均为英文且无中文译文。

“中远提单”正面记载的事项一般包括以下几项：

① 托运人。

托运人通常是国际货物买卖合同的卖方，也是信用证的受益人。这要求其与信用证受益人名称一致。

② 收货人。

收货人一栏必须根据信用证规定的记名提单、不记名提单或指示提单的具体种类的要求进行填写。

③ 通知方。

通知方指在卸货港与承运人联系的人，一般为进口商的货运代理人。

④ 船舶名称。

不仅已装船提单要求记载船名，即使是备运提单，装船后也需要加记船名。

⑤ 装货港、卸货港与最后卸货港。

该内容须与信用证保持一致。

⑥ 运费和其他费用。

根据运费的支付时间，记载为“运费预付”或者“运费到付”。其他费用主要是装卸费、理舱费等，实践中船方往往要求加注船方不负担某项费用的条款从而免除支付责任，但是值得注意的是，只有在信用证允许的情况下才能加注。

⑦ 提单签发份数。

为了避免重复提货，可以在提单中注明：“承运人或其代理人已签署的一式各份提单中，如其中一份遗失，仍可凭其他正本提单提货；如其中一份完成提货手续，其余各份失效。”

⑧ 有关货物具体内容：标志与件号、包装种类和件数、毛重和尺码。

标志内容包括收货人的名称缩写、目的港、货件的编号等，需与信用证规定、发票和包装袋上的内容一致。

“中远提单”正面声明性条款在提单右下方，其中包括三项内容，通常被称为三项条款。

第一项是装运条款。

其内容为：“上列表面状况良好的货物（除另有说明外）已装在上述指名船上，并应在上述注明的卸货港或该船所能安全到达并保持浮泊状态的附近地点卸货。”该条款含义为：船长或承运人代理人所签发的提单是已装船提单，货物在装船时表面状况良好；如果卸货港或者所载的货物出现了阻碍承运人在提单中指明的卸货港卸货的情况，承运人可以在附近的安全港卸货，且视为承运人已经履行其合同义务。

第二项是未知条款。

其内容为：“由托运人提供的重量、尺码、标志、号数、品质、内容和价值，承运人在装船时未予核对。”该条款声明承运人未对托运人提供的货物的有关事项一一核对。依照《海牙规则》，如果承运人、船长或者承运人的代理人有适当的根据怀疑货物的标志、号码、数量或重量不能确切地代表实际收到的货物，或者无适当方法进行核对，则不必在提单上将其注明。

第三项是接受条款。

其内容为：“托运人、收货人和本提单持有人明示接受并同意本提单及其背面所载的一切印刷、书写和打印的规定及免责事项的条件。”该条款表明提单的相关当事人均接受提单上权利义务的约定。

（2）提单背面条款

提单背面通常载有当事人权利义务内容的条款。中国“中远提单”背面共有27项条款。其中最为重要的有10项条款：

① 管辖权条款

规定与提单有关的争议由何国法院管辖。

② 法律适用条款

法律适用条款又称首要条款，该条款解决有关提单的争议应当使用何国法律解决的问题。

③ 承运人责任和免责条款

我国海商法规定的承运人基本义务包括船舶适航和管货义务2项，免责条款有12项。

④ 责任期间条款

责任期间是承运人承担货物灭失或货物损坏的责任期间，“中远提单”中规定的是从货物装上船开始到卸完船为止，同时还特别注明在装船前和卸船后承运人不负责任的“前后条款”。

⑤ 赔偿责任限额条款

即货损时承运人进行赔偿的最高限额。

⑥ 特殊货物条款

即涉及危险品与违禁品、舱面货、植物、活牲畜、集装箱货物、冷藏货和木材的特殊规定。

⑦ 留置权条款

规定承运人可以因为未付运费、空舱费、滞期费和其他有关货物的款项对货物行使留置权。且在出卖货物的收入不足以抵偿应收款项的情况下仍可向货方主张差额。

⑧ 熏蒸条款

货物在船上受到的损害除非证实事故发生是承运人疏忽所致，其余情况承运人不负责任，损失由货方自己承担。

⑨ 共同海损和新杰森条款

“中远提单”中共同海损的理算适用《北京理算规则》，新杰森条款是指在同一航运公司两艘船舶之间发生救助时，救助费用应当视为救助工作是第三者的船舶所施救的一样，由被救船舶全额支付，也就是由被救船方和货方共同分担共同海损。

⑩ 双方有责碰撞条款

规定货方应从取得的赔偿款项中将本船船东的赔偿金额退还给本船船东。该条是为了保障承运人通过《海牙规则》取得的合法权益。因为在两船碰撞互有过失时，载货船的货主可以向本船索赔也可以向对方船索赔，由于航行过失免责的存在，货方一般选择向对方船提出全额索赔，在对方船赔偿之后，对方船又有权向本船索回其责任比例之外的金额，这就相当于本船船东间接地把损失金额赔付给了货方，这实质上不符合其通过航行过失免责所获得的利益。

除上述条款外，提单中还有关于战争、检疫、冰冻、罢工、拥挤、转运等内容的条款。

4. 无正本提单交货

提单作为交付货物的凭证，一般而言，承运人只会凭正本提单交货。但是，在实践中，尤其是近海运输中，船舶已经到港但是正本提单尚未到达收货人的情况比比皆是。这种问题经常导致港口拥堵，同时也会对当事人造成不利。因此无正本提单交货就成为了一种习惯的变通方法。为了规范该问题，最高人民法院通过了《关于审理无正本提单交付货物案件适用法律若干问题的规定》。

该规定具有以下特点：

（1）在适用范围上，包括记名提单、不记名提单和指示提单；

（2）在构成要件上，规定所谓无正本提单交货包括两个要求，即承运人无正本提单交货行为违反法律规定，且损害了正本提单持有人的利益。

（3）在责任性质上，规定了正本提单持有人可以在侵权责任和违约责任中择一主张。

（4）在责任限制上，规定承运人在无正本提单放货问题上不得享受责任限制，因为承运人在该行为上必然存在主观故意。

（5）在赔偿范围上，承运人应当承担的赔偿额是货物装船时的价值加上运费和保险。

（6）免责事由：如果依照港口地法律规定货物必须交付给海关或者港口当局的，不属于无正本提单交付货物的行为，承运人也不必承担赔偿责任。

（7）如果采用 FOB 价格，一般由买方来订立海上运输合同，这种情况下正本提单上载明的托运人是卖方。但是，如果承运人无正本提单放货，那么买方同样可以凭借正本提单向承运人主张货权。

（8）如果承运人无正本提单放货，正本提单持有人与提货人达成货款支付协议的，在协议款项得不到赔偿时，正本提单持有人仍可要求承运人承担无单放货的民事责任。

（9）无正本提单放货的情况下正本提单持有人主张权利的时效为一年，无论其主张的是侵权损害赔偿还是违约损害赔偿。且该时效期间可适用海商法第 267 条的规定由于提起诉讼、当事人主张以及义务方同意履行而中断。

（二）海运单

海运单是证明海上运输货物由承运人接管或装船，且承运人保证将货物交给指定的收货人的一种不可流通的书面运输单证。它是 1990 年国际海事委员会通过的《海运单统一规则》以及《电子提单规则》确立的一种单据。

与提单相比，海运单具有以下两个特点：

其一，海运单不是货物的物权凭证，收货人不需要以海运单要求承运人交货，只要证明其身份即可，因此可以实现快速提货；

其二，海运单不具有流通性，不能转让，非法取得海运单的运单持有人不能据以提货。

由于其本身安全便捷的特点，国际商会《1990 年国际贸易术语解释通则》《2000 年国际贸易术语解释通则》都赋予了其与提单相同的法律地位。《跟单信用证统一惯例》（UCP600 号）第 21 条也规定其可以属于信用证项下可接受的单据。

海运单的运转流程为：

（1）承运人与托运人达成合意，为托运人签发海运单；

（2）承运人及时向收货人发出到货通知，一般是船舶到港前一周；

（3）收货人签署到货通知，并且将该到货通知退还船舶代理人；

（4）船舶代理依据该到货通知向收货人签发提单；

（5）船舶到港后，收货人凭提单提货。

海运单记载内容与提单相类似，正面通常备注“不可流通”字样。其记载事项主要有：托运人及收货人名称、船名、装卸港、货物数量、标志、通知方地址、运费及其他相关费用、签发的时间、地点和签发人。背面条款一般包括：承运人责任期间、义务、免责、装卸货及交货、运费及其他相关费用、共同海损、留置权、双方有责碰撞条款以及法律适用和仲裁等。

五、货物交付制度

（一）货物交付及货损索赔通知

货物到达目的港后，承运人应当依照运输单证的记载将货物交付给提单持有人。虽然我国海商法中规定承运人管货义务仅包括运载、照料、卸载等七项，但是实践中认为承运人援引海商法第46条的内容进行抗辩是对法律的片面理解，抗辩理由不成立。此外，海商法中第71条也规定了承运人向正本提单持有人交付货物是承运人承担的一项保证。

如果货物出现损害、灭失或迟延，依据我国海商法第81条和第82条的规定，收货人应当及时提交索赔通知：

（1）如果在交付时就发现出现货损，那么应当在交付当时向承运人提出索赔；如果收货人未将货损的情况书面通知承运人，则视为承运人已经将符合运输单证记载情况的货物交付收货人的初步证据。该初步证据可以通过相反的证据推翻。

（2）如果货损并非显而易见，在交货时不能发现，那么应当在货物交付的次日起连续7日内提出。

（3）集装箱货物自交付的次日起连续15日内提出。

（4）迟延交付时，自货物交付次日起连续60日内提出。

如果货物是由实际承运人而非订约承运人交付的，那么收货人向实际承运人提交的书面通知与向订约承运人提交的书面通知具有同等的效力。

（二）迟延提货或无人提货

无人提货的原因主要包括以下两种：

一是在“运费到付”或是使用冷藏集装箱运输的情况下运费超过货物价值；

二是买卖合同中出现交货迟延、品质问题或是行情下跌的情形。

无人提货可能导致港口堵塞或是承运人损失，为解决此类问题，我国海商法第 86 条规定，在卸货港无人提取货物或者收货人迟延、拒绝提取货物的，船长可以将货物卸在仓库或者其他适当场所，由此产生的费用和风险由收货人承担。

（三）货物留置

留置权，是指承运人依照合同约定或者法律规定所享有的对其在运输中合法占有的货物，在货方未能及时支付相关费用时不交付货物且进行处置，并就处置所得价款优先受偿的权利。我国海商法第 87 条规定，应当向承运人支付的运费、共同海损分摊、滞期费和承运人为货物垫付的必要费用以及应当向承运人支付的其他费用没有付清，又没有提供适当担保的，承运人可以在合理的限度内留置其货物。“合理的限度”一词要求留置货物的价值应当与货方未支付的费用相当。对于该条中所言“运费”，实践中一般认为是到付运费。如果是预付运费，则需要提单或者并入提单的租约中明确写明承运人对预付的运费以留置货物支付的权利，否则承运人不能主张留置货物。

我国海商法第 88 条进一步规定对留置的货物如何处置及如何受偿：“承运人根据本法第八十七条规定留置的货物，自船舶抵达卸货港的次日起满六十日无人提取的，承运人可以申请法院裁定拍卖；货物易腐烂变质或者货物的保管费用可能超过其价值的，可以申请提前拍卖。拍卖所得价款，用于清偿保管、拍卖货物的费用和运费以及应当向承运人支付的其他有关费用；不足的金额，承运人有权向托运人追偿；剩余的金额，退还托运人；无法退还、自拍卖之日起满一年又无人领取的，上缴国库。”

六、航次租船合同特别制度

航次租船合同，指船舶出租人向承租人提供船舶或者船舶的部分舱位，装运约定的货物，从一港运至另一港，由承租人支付约定运费的合同。它是与提单运输相对应的不定期运输方式，在航次租船运输的情况下，运输航线、装运港和目的港、运费率以及货物的装卸安排等均由租船双方在合同中约定。航次租船合同属于货运合同，其适用于大宗货物的运输。在航次租船合同下，出租人保留了船舶的所有权和占有权，并雇用船长和船员，船舶由出租人负责经营管理，且出租人负责承担船员的工资、港口规费、船用燃料和港口代理费等费用。承租人仅承担合同规定的装卸费等费用，不直接参与船舶的经营。关于航次租船合同的内容，主要规定在我国海商法第四章第七节。

航次租船合同的内容，主要包括出租人和承租人的名称、船名、船籍、载货重量、容积、货名、装货港和目的港、受载期限、装卸期限、运费、滞期费、速遣费以及其他有关事项。对于航次租船的情形，船长或者承运人的代理人仍然需要签发提单。这种提单被称为租船合同项下的提单。它与提单运输合同中的提单相比要简单得多，仅包括提单正面的内容，故又称为简式提单或者短式提单。当航次租船合同的内容与提单内容存在冲突时，需要区分不同的关系人来确定以哪一个为准。如果租船人是货物的托运人，提单在这种情况下就不具有海上运输合同的证明的性质，其仅作为货物的物权凭证和收据而存在。此时以航次租船合同内容为准。但是，当承租人将提单转让给不知情第三方时，提单对于第三方而言是运输合同的证明。租船合同对于提单的效力决定于提单中是否将租船合同并入提单。如果提单中注明了“一切条款、条件、免责和豁免以租船合同为准”的字样，那么提单就要受到航次租船合同的约束。否则，就应以提单内容为准。

在航次租船合同的情形下，如果出租人提供或更换的船舶不符合合同约定，或是出租人在约定的受载期限内未能提供船舶，承租人均有权解除合同，对于出租人存在过失造成承租人损失的，出租人需承担赔偿责任。承租人应当依照合同约定提供约定的货物，经过出租人同意，承租人也可以更换货物。但是，如果承租人提供的货物对出租人不利，出租人有权拒绝或解除合同；如果因为未提供约定的货物造成了出租人的损失，承租人还应当负赔偿责任。

七、多式联运合同特别制度

多式联运合同，是指多式联运经营人以两种以上的不同运输方式，其中一种是海上运输方式，负责将货物从接收地运至目的地交付收货人，并收取全程运费的合同。这里所称多式联运经营人，是指本人或者委托他人以本人名义与托运人订立多式联运合同的人。大多数多式联运经营人为海运经营人，而此类多式联运经营人又可以分为由船舶运输公司担当的多式联运经营人和由无船承运人担当的多式联运经营人两类。无船承运人本身没有船舶也不直接从事运输活动，其与托运人签订多式联运合同，再与各区段承运人签订各段的运输合同，组织全程的运输。

多式联运合同经营人的责任期间自接收货物时起至交付货物时止，其对全程运输负责。我国海商法对多式联运经营人的责任采用的也是区段责任制与统一责任制的结合。如果货物的灭失或者损坏发生于多式联运的某一运输区段的，多式联运经营人的赔偿责任和责任限额，适用调整该区段运输方式的有关法律规定；如果货物的灭失或者损坏发生的运输区段不能确定的，多式联运经营人应当依照海商法关于承运人赔偿责任和责任限额的规定负赔偿责任。在后一种情况下，货物受损区段不能确定，那么多式联运经营人无法向其他区段承运人追偿。故海商法第 104 条规定多式联运经营人可以与各区段承运人以合同形式另行确定相互之间的责任，但是这种约定不能影响多式联运经营人对全程运输所承担的责任。

【风险提示】

1. 租船运输过程中，一般情况下承运人仅指租船人，除非提单中存在“承运人识别条款”明示船舶所有人是承运人。

2. 多式联运经营人与参加多式联运的各区段承运人约定相互之间的责任合同仅在经营人之间有效，此项合同不影响多式联运经营人对全程运输所承担的责任。

【相关案例】

广东立信鞋业有限公司与广州某船务有限公司、吴某某海上、通海水域货物运输合同纠纷案

原告向凯旺立信国际有限公司购买一批货物，向珠江中转物流有限公司托运上述货物，珠江中转物流有限公司接受托运后，委托两被告实际运输，承运船舶“穗东方 332”轮。由于“穗东方 332”轮船员驾驶船舶的过失，运输过程中发生碰撞事故，造成“穗东方 332”轮沉没，其所装载

的货物全部落水。法院认为，因本案货损系船员驾驶船舶的过失造成，根据海商法第51条第1款第1项关于“船长、船员、引航员或者承运人的其他受雇人在驾驶船舶或者管理船舶中的过失”造成的货损承运人不承担赔偿责任的规定，两被告对原告的本案货损不承担赔偿责任。二审判决驳回原告广东立信鞋业有限公司的诉讼请求。

【法条指引】

中华人民共和国海商法（节录）

第四十二条　本章下列用语的含义：

（一）“承运人”，是指本人或者委托他人以本人名义与托运人订立海上货物运输合同的人。

（二）“实际承运人”，是指接受承运人委托，从事货物运输或者部分运输的人，包括接受转委托从事此项运输的其他人。

（三）“托运人”，是指：

1. 本人或者委托他人以本人名义或者委托他人为本人与承运人订立海上货物运输合同的人；

2. 本人或者委托他人以本人名义或者委托他人为本人将货物交给与海上货物运输合同有关的承运人的人。

（四）“收货人”，是指有权提取货物的人。

（五）“货物”，包括活动物和由托运人提供的用于集装货物的集装箱、货盘或者类似的装运器具。

第二节　海上旅客运输合同

【规则要点】

海上旅客运输合同，是指承运人以适合运送旅客的船舶经海路将旅客及其行李从一港运送至另一港，由旅客支付票款的合同。

【理解与适用】

根据我国海商法的规定，海上旅客运输合同，是指承运人以适合运送旅客的船舶经海路将旅客及其行李从一港运送至另一港，由旅客支付票款的合同。这里的“承运人”，是指本人或者委托他人以本人名义与旅客订立海上旅客运输合同的人。“旅客”，是指根据海上旅客运输合同运送的人；经过承运人同意，根据海上货物运输合同，随船护送货物的人，同样视为旅客。“行李”，是指根据海上旅客运输合同由承运人载运的任何物品和车辆，但是活动物除外。“自带行李”，是指旅客自行携带、保管或者放置在客舱中的行李。“从一港至另一港”，包括中国港口与外国港口之间的旅客运输，也包括中国港口之间的旅客运输。后者称为沿海旅客运输，前者称为国际旅客运输。这一点区别于海商货物运输只适用于国际海上货物运输的情形。但是中国港口之间的旅客运输与国际港口旅客运输也存在一些差异，我国海商法第 117 条第 4 款规定，中华人民共和国港口之间的海上旅客运输，承运人的赔偿责任限额，由国务院交通主管部门制定，报国务院批准后施行。海上旅客运输合同成立的书面凭证是旅客的客票。客票本身并不是海上旅客运输合同，当承运人接受了旅客提出运送的申请，并收取了旅客的票款时，旅客运输合同已经成立。客票载有船名、航次、日期、启运港、目的港、客舱等级、票价等具体内容。国际海上旅客运输的客票通常还具有承运人的名称和地址、旅客的姓名和地址等内容。载明了旅客姓名的客票称为记名客票，不得任意转让。

海上旅客运输合同中不得约定如下条款：

(1) 免除承运人对旅客应当承担的法定责任；

(2) 降低海商法明文规定的承运人责任限额；

(3) 对海商法中明文规定的举证责任作出相反的约定；

(4) 限制旅客提出赔偿请求的权利。

如果合同中约定了该种条款，条款本身无效，但是合同其他条款的效力不受影响。

一、承运人权利

承运人有权收取票款以及行李费。如果旅客无票乘船、越级乘船或者超程乘船，承运人有权要求其按照规定补足票款，也可以按照规定加收票款。旅客拒不交付的，船长有权在适当的地点要求其离船，承运人有权向其追偿。

二、承运人责任

（一）责任期间

海上旅客运输承运人的责任期间包括承运人对旅客运输的责任期间和对旅客自带行李及自带行李以外的其他行李承担责任的期间。这规定在我国海商法第 111 条中。

旅客运输责任期间自旅客登船时起，至旅客离船时止。当客轮因为某种特定原因不能靠岸时，如果客票的票价中包含了接送费用，那么运送期间还要包括承运人经由水路将旅客从岸上接到船上和从船上送到岸上的过程，但是不包括旅客在港站内、码头上或者在港口其他设施内的时间。旅客自带行李的运送期间与旅客运送期间相同。

自带行李以外的其他行李，指的是不随旅客而行，而是交给承运人托运的行李。对于旅客自带行李以外的其他行李，其运送期间自旅客将行李交付承运人或者承运人的受雇人、代理人时起，至承运人或者承运人的受雇人、代理人将行李交还旅客时止。

（二）责任内容

承运人的基本责任规定在我国海商法第 107 条中，即“承运人以适合运送旅客的船舶经海路将旅客及其行李从一港运送至另一港”。这里的“适合运送旅客的船舶”指的是承运人必须提供适航的船舶，且与海上货物运输相比，船舶的适航程度要求更高。海上货物运输仅要求在开航前和开航时适航，但是海上旅客运输要求在整个运输过程中船舶都必须适航。

（三）责任基础

海上旅客运输承运人的责任基础规定在我国海商法第 114 条中，其采用的是完全过失责任，这区别于海上货物运输合同。海上货运合同虽然也采用过失责任，但是由于航行过失免责的存在，该过失责任实质上是不完全的过失责任。旅客运输中不存在过失免责的相关规定。只要在承运人的责任期间中，因承运人一方（包括承运人本人、受雇人、代理人）在其责任范围内存在过失引起事故，造成了旅客人身或者行李的灭失或损坏，则承运人均需承担损害赔偿责任。

海商法第 114 条的第 3 款、第 4 款从举证责任的角度进一步加重了承运人的责任，采用了过失推定的归责原则。该两款规定：如果旅客人身伤亡或者自带行李的灭失、损坏，是由于船舶的沉没、碰撞、搁浅、爆炸、火灾所引起或者是由于船舶的缺陷所引起的，除非承运人或者承运人的受雇人、代理人能够提出反证，应当视为其具有过失；如果旅客自带行李以外的其他行李灭失或者损坏，不论由于何种事故所引起，除非承运人或者承运人的受雇人、代理人提出反证，应当视为其有过失。

（四）责任减免

依据我国海商法，海上旅客运输合同的承运人责任减免情形包括以下四种：

1. 经承运人证明，旅客的人身伤亡或者行李的灭失、损坏，是由于旅客本人的过失或者旅客和承运人的共同过失造成的，可以免除或者相应减轻承运人的赔偿责任。

2. 经承运人证明，旅客的人身伤亡或者行李的灭失、损坏，是由于旅客本人的故意造成的，或者旅客的人身伤亡是由于旅客本人健康状况造成的，承运人不负赔偿责任。

3. 承运人对旅客的货币、金银、珠宝、有价证券或者其他贵重物品所发生的灭失、损坏，不负赔偿责任。

4. 对于旅客违反规定随身携带或者在行李中夹带违禁品或者易燃易爆、有毒、有腐蚀性、有放射性以及其他有可能危及船上人身或财产安全的危险品，承运人有权在任何时间、任何地点将该危险品卸下、销毁或者使其不能为害，或者交给有关部门，且不必承担赔偿责任。

（五）责任限额

我国海商法关于承运人责任限额的规定参照了《1974 海上旅客及其行李运输雅典公约》（即《雅典公约》）和其 1976 年议定书。

根据我国海商法第 117 条规定，除中华人民共和国港口之间的海上旅客运输其承运人的赔偿责任限额由国务院交通主管部门制定、报国务院批准后施行外，承运人在每次海上旅客运输中的赔偿责任限额，依照下列规定执行：

① 旅客人身伤亡的，每名旅客不超过 46666 计算单位；

② 旅客自带行李灭失或者损坏的，每名旅客不超过 833 计算单位；

③ 旅客车辆包括该车辆所载行李灭失或者损坏的，每一车辆不超过 3333 计算单位；

④ 除上述第②、③项以外的旅客其他行李灭失或者损坏的，每名旅客不超过 1200 计算单位。

承运人和旅客可以约定，承运人对旅客车辆和旅客车辆以外的其他行李损失的免赔额。但是，对每一车辆损失的免赔额不得超过 117 计算单位，对每名旅客的车辆以外的其他行李损失的免赔额不得超过 13 计算单位。在计算每一车辆或者每名旅客的车辆以外的其他行李的损失赔偿数额时，应当扣除约定的承运人免赔额。承运人和旅客可以书面约定高于上述规定的赔偿责任限额。

此处的“计算单位”，指的是国际货币基金组织所创设的特别提款权。承运人的受雇人、代理人对向其提出的赔偿请求，只要可以证明其行为在受雇或受委托范围内，即可享受与承运人相同的责任限制。

关于责任限制的丧失，依据我国海商法第 118 条的规定，如果证明了旅客的人身伤亡或者行李的灭失、损坏是由于承运人一方的故意或者明知可能损害而轻率的作为或不作为造成的，承运人一方不得援引责任限制的相关规定。

同时，在责任限额方面，沿海旅客运输与国际旅客运输也存在差异。上述的责任限制规定只适用于国际旅客运输。沿海旅客运输的赔偿责任限额，由国务院交通主管部门制定，报国务院批准。目前，中国沿海旅客运输赔偿责任适用的是交通部于 1993 年发布的《中华人民共和国港口间海上旅客运输损害赔偿责任限额规定》。依照其规定，承运人每次海上旅客运输中的赔偿限额分别为：旅客人身伤亡的，每名旅客不超过 4 万元人民币；旅客自带行李灭失或损坏的，每名旅客不超过 800 元人民币；旅客车辆及所载行李灭失或损坏的，每一车辆不超过 3200 百元人民币；旅客其他行李灭失或损坏的，每千克不超过 20 元人民币。

三、实际承运人

实际承运人，指接受承运人委托，从事旅客运送或者部分运送的人，包括接受转委托从事此项运送的其他人。同海上货物运输相同，实践中订约承运人常常将旅客运输全部或部分委托给实际承运人。由于实际承运人和旅客并未直接签订合同，而订约承运人又已经进行了委托、未实际从事运输工作，旅客主张损害赔偿时，订约承运人和实际承运人常常互相推诿，导致旅客的合法权益不能得到保护。为了解决这个问题，我国海商法规定，有关旅客运输承运人责任的规定同样适用于实际承运人及其受雇人、代理人。即使订约承运人将旅客运输委托给实际承运人进行，订约承运人也必须对全程负责。如果订约承运人和实际承运人对旅客损害均有责任，则二者承担连带责任。实际承运人及其受雇人、代理人同订约承运人一样，也可以享受责任限制的利益。

四、索赔通知

依据我国海商法第 119 条的规定，如果旅客自带行李发生明显损坏，旅客应当在离船前或者离船时向承运人一方（包括承运人本人及其受雇人、代理人）提交书面通知；如果旅客其他行李发生明显损坏，旅客应当在行李交还前或者交还时向承运人一方提交书面通知。如果行李的损坏不明显，旅客在离船时或者行李交还时难以发现的，以及行李发生灭失的，旅客应当在离船或者行李交还或者应当交还之日起 15 日内，向承运人或者承运人的受雇人、代理人提交书面通知。如果旅客未及时提交书面通知，则视为其已经完整无损地收到行李，除非其可以提出反证。但是，在行李交还时旅客已经会同承运人对行李进行了联合检查或者检验的，则旅客无须提交书面通知。

【风险提示】

1. 海上旅客运输承运人采用的是完全过失责任，海上货运合同采用的是不完全的过失责任。

2. 在存在实际承运人的情况下，有关旅客运输承运人责任的规定同样适用于实际承运人及其受雇人、代理人，订约承运人始终对全程负责。如果订约承运人和实际承运人对旅客损害均有责任，则二者承担连带责任。

【相关案例】

徐某某与威东航运公司旅客运输合同纠纷案

原告徐某某乘坐被告威东航运公司所有的“新金桥2号”客轮从韩国首尔返回威海，双方形成相应的海上旅客运输合同关系。晚饭过后，原告徐某某去客轮卫生间，由于地面湿滑，原告徐某某在卫生间摔伤腰部。次日，该客轮抵达威海后，原告徐某某被立即送往威海市中医院、威海市市立医院等医院治疗，共花费人民币8867元。后经山东永鼎司法鉴定中心鉴定，原告徐某某的伤情构成十级伤残，误工时间4个月，需专人护理1个月。原告徐某某支付鉴定费人民币1800元。原告请求被告进行相关费用赔偿。被告威东航运公司也无异议，只是认为原告徐某某受伤的原因是其个人没有尽到注意义务，存在过失所致。法院认为，基于海上旅客运输合同纠纷而形成的诉讼，在承运人对运输合同本身及乘客受伤事实无异议的前提下，只有承运人提供足够证据证实乘客的受伤是因自身的故意或重大过失所造成的才能免除法律责任。本案中，由于被告威东航运公司没有提供证据证明其主张，故判决支持原告相关请求。

【法条指引】

中华人民共和国海商法（节录）

第一百一十一条　海上旅客运输的运送期间，自旅客登船时起至旅客离船时止。客票票价含接送费用的，运送期间并包括承运人经水路将旅客从岸上接到船上和从船上送到岸上的时间，但是不包括旅客在港站内、码头上或者在港口其他设施内的时间。

旅客的自带行李，运送期间同前款规定，旅客自带行李以外的其他行李，运送期间自旅客将行李交付承运人或者承运人的受雇人、代理人时起至承运人或者承运人的受雇人、代理人交还旅客时止。

第一百一十四条　在本法第一百一十一条规定的旅客及其行李的运送期间，因承运人或者承运人的受雇人、代理人在受雇或者受委托的范围内过失引起事故，造成旅客人身伤亡或者行李灭失、损坏的，承运人应当负赔偿责任。

请求人对承运人或者承运人的受雇人、代理人的过失，应当负举证责任；但是，本条第三款和第四款规定的情形除外。

旅客的人身伤亡或者自带行李的灭失、损坏，是由于船舶的沉没、碰撞、搁浅、爆炸、火灾所引起或者是由于船舶的缺陷所引起的，承运人或者承运人的受雇人、代理人除非提出反证，应当视为其有过失。

旅客自带行李以外的其他行李的灭失或者损坏，不论由于何种事故所引起，承运人或者承运人的受雇人、代理人除非提出反证，应当视为其有过失。

第五章

船舶租用合同

船舶租用合同，是指船舶出租人向承租人提供约定的、由出租人配备船员或者不配备船员的船舶，由承租人在约定的期间内按照约定的用途使用并支付租金的合同，包括定期租船合同和光船租赁合同两种形式。船舶租用合同的当事人为出租人和承租人。出租人的主要义务是向承租人提供约定的、由出租人配备船员或不配备船员的船舶，由承租人在约定的期间内按照约定的用途使用；承租人的主要义务则是按照约定向出租人支付租金。船舶租用合同应当采用书面形式订立。我国海商法中有关船舶租用合同当事人权利义务关系的规定属于任意性规定，仅在船舶租用合同没有进行约定或者没有不同约定的情况下适用。当事人有约定的，约定优先。

第一节　定期租船合同

【规则要点】

定期租船合同是指船舶出租人向承租人提供约定的由出租人配备船员的船舶，由承租人在约定的期间内按照约定的用途使用，并支付租金的合同。承租人可以将船舶转租给第三人，即转租承租人，但是原承租人始终负有履行合同的责任。

【理解与适用】

定期租船合同是指船舶出租人向承租人提供约定的由出租人配备船员

的船舶，由承租人在约定的期间内按照约定的用途使用，并支付租金的合同。关于定期租船合同的性质，主要有两种观点，一种认为由于承租人在支付租金之后取得了船舶的使用权和经营权，故其具有财产租赁合同的性质；另一种则认为定期租船合同情况下船舶在租期内仍由出租人通过其雇用的船长、船员占有而不是承租人直接占有，故不应属于财产租赁合同；且定期租船合同主要条款一般仍然是关于货物运输的规定，故其仍然具有海上运输合同的性质。

一、合同格式

定期租船合同的格式主要有三种：

其一，《统一定期租船合同》，租约代号“BALTIME”，这是由波罗的海国际航运公会制定的，目前很少使用；

其二，《定期租船合同》，租约代号“Produce Form”，这是由美国纽约土产交易所制定，又被称为 NYPE。它是目前使用最为广泛的定期租船标准合同；

其三，《定期租船合同》，租约代号“SINOTIME1980”，这是中国租船公司制定的。

二、合同内容

我国海商法对定期租船合同的内容作了具体规定，其主包括要内容：出租人和承租人的名称、船名、船籍、船级、吨位、容积、船速、燃料消耗、航区、用途、租船期间、交船和还船的时间和地点以及条件、租金及其支付，以及其他有关事项。

1. 船速与租期

船速是指船舶相对于水的速度，这与航速不同。航速是船舶相对于海底或者岸上固定物体的速度。船舶出租人保证的是船速而不是航速。租船期间，又称租期，指承租人租用船舶的期限。

2. 停租条款

我国海商法第 133 条第 2 款规定了停租的情形。停租是指在租期内，非由于承租人的原因，只是承租人不能使用船舶，该段时间承租人可以停付租金。如果船舶不符合约定的适航状态或者其他状态而不能正常营运连续满24小时的，对因此损失的营运时间，承租人不必支付租金，但如果此情形是承租人造成的除外。

3. 货物

关于船舶装载的货物，依照我国海商法第135条的规定，承租人应当向出租人保证船舶用于运输约定的合法的货物。承租人如要将船舶用于运输活动物或者危险货物的，应当征得出租人的同意。如果承租人违反了有关货物的约定造成出租人的损失，应当对出租人承担赔偿责任。

4. 交船与还船

交船是指船舶出租人按照合同约定的时间、地点和状态，将船舶交给承租人。还船则是指承租人按照合同约定的时间、地点和状态，将船舶归还给船舶出租人。原则上讲承租人应当在约定的租期届满时将船舶归还给出租人，但是，实践中船舶最后航次结束之时不是租期届满之时。因此会出现延期还船和提前还船的情形。

延期还船包含两种情况：

其一，合法的最后航次。

我国海商法第143条规定，经合理计算，完成最后航次的日期约为合同约定的还船日期，但可能超过合同约定的还船日期的，承租人有权超期用船以完成该航次。超期期间，承租人应当按照合同约定的租金率支付租金；市场的租金率高于合同约定的租金率的，承租人应当按照市场租金率支付租金。承租人指示船舶进行合法的最后航次，出租人有义务履行该航次。

其二，非法的最后航次。

与合法最后航次相反，如果承租人指示船舶进行非法的最后航次，出租人或者船长拒绝接受承租人的指示，并要求承租人另行指示合法的最后航次。如果承租人不另行指示，则出租人有权解除合同，并以承租人违约为由请求合同提前终止期间的租金损失赔偿。并且，对于超期的时间，如果航运市场上涨，则承租人应当按照市场租金率支付租金；如果航运市场下跌，承租人仍应当按照约定租金率支付租金。

关于还船时的船舶状况，我国海商法第142条第1款规定："承租人向出租人交还船舶时，该船舶应当具有与出租人交船时相同的良好状态，但是船舶本身的自然磨损除外。"如果还船时船舶损坏已经超过了自然磨损的范围，承租人应当负责修复或者给予赔偿。如果承租人不予修复就提出还船，出租人仍然应当接受还船，但是可以请求损害赔偿，包括船舶损坏的修理费和修理期间的净营运损失等。

5. 转租

一般而言，承租人可以将船舶转租给第三人，即转租承租人，但是原承租人始终负有履行合同的责任。我国海商法第 137 条同时规定，承租人可以将租用的船舶转租，但是应当将转租的情况及时通知出租人。租用的船舶转租后，原租船合同约定的权利和义务不受影响。承租人转租船舶，与转租承租人订立的转租合同，在船舶的航行区域、装运货物的范围等方面，不能与原租船合同相抵触，否则船长有权拒绝接受转租承租人的指示。如果转租合同约定的出租人的责任超出原租船合同的范围，原出租人所承担的责任仍然以原定期租船合同为准。

与航次租船合同相比，定期租船合同条款有许多不同。

首先，关于营运成本，航次租船中船方负担的航次成本在定期租船的情况下转由租船人承担，因而在定期租船合同中会有关于燃油消耗量、航速的规定；

其次，关于时间损失，航次租船的时间损失由船方承担，故合同中约定了装卸时间。而在定期租船下，时间损失是由租船人承担的，故定期租船合同中有关于停租的规定；

最后，关于经营权，航次租船合同中由船东负责经营，而在定期租船下，船舶经营权由租船人行使，船东为了保证其船舶的安全，就会在合同中加入有关航区、可装运货物范围等内容。

三、合同解除

定期租船合同解除的情形包括以下几种：

其一，出租人违反合同约定，在交船时间届满后仍未交船，则承租人有权解除合同。出租人过失延误提供导致承租人遭受损失的，出租人应当承担赔偿责任。

其二，出租人违反合同约定，交付船舶不适航或者不能适用于约定的要求，则承租人有权解除合同，且有权要求出租人赔偿因此遭受的损失。

其三，承租人应当保证船舶在约定航区内的安全港口或者地点之间从事约定的海上运输，如果承租人违反约定，则出租人可以要求解除合同，且有权要求赔偿因此遭受的损失。

【风险提示】

承租人可以将船舶转租给第三人，但是该转租不影响原船舶租赁合同中当事人的权利和义务。

【相关案例】

定期租船合同纠纷案

原告因承揽工程需要，与宁波顺捷路通建筑物资有限公司签订买卖合同，向其购买100万吨建筑石料。因需将石料自宁波大榭码头运至温岭椒江码头，经人介绍，原告向被告租用4条3000吨左右的平板船，船名及船籍不详。签订协议当日，原告向被告支付4条船押金共计4万元，被告向原告出具收条一张。但此后被告一直未提供船舶，也未与原告见面，导致原告无法及时装运石料，只得另觅船舶进行装运，并因此造成经济损失。原告诉求立即解除合同，要求被告归还押金、赔偿利益及损失，并负担诉讼费。

法院认为，本案为定期租船合同纠纷，被告向原告出具的租船协议意思表示真实，内容合法，应依法确认有效。本案中，被告至今未向原告提供船舶，原告以被告未依约提供船舶导致原告无法实现其承揽工程目的为由，主张解除合同并要求被告返还合同押金4万元及相应利息，应予支持。利息损失应以4万元押金为准，自合同签订之日起按中国人民银行公布的同期同档次贷款基准利率计算。

【法条指引】

中华人民共和国海商法（节录）

第一百三十一条 出租人应当按照合同约定的时间交付船舶。

出租人违反前款规定的，承租人有权解除合同，出租人将船舶延误情况和船舶预期抵达交船港的日期通知承租人的，承租人应当自接到通知时起四十八小时内，将解除合同或者继续租用船舶的决定通知出租人。

因出租人过失延误提供船舶致使承租人遭受损失的，出租人应当负赔偿责任。

第一百三十五条 承租人应当保证船舶用于运输约定的合法的货物。

承租人将船舶用于运输活动物或者危险货物的，应当事先征得出租人的同意。

承租人违反本条第一款或者第二款的规定致使出租人遭受损失的，应当负赔偿责任。

第二节 光船租赁合同

【规则要点】

光船租赁合同，是指由船舶出租人向承租人提供不配备船员的船舶，在约定期限内由承租人占有、使用和营运，并向出租人支付租金的合同，包含传统的光船租赁、租出租入光船租船和租购光船租船三种形式。在光船租赁情况下，责任承担包括船舶成本、第三方人身伤亡责任和货损责任三个方面。

【理解与适用】

我国海商法关于光船租赁的内容主要规定在第六章第三节，且相关规定为任意性规定，只有当事人之间的租赁合同没有约定或没有不同约定时才适用。

光船租赁合同下，出租人只提供船舶而不配备船员，船舶出租人只保留船舶的所有权，船舶的占有权、使用权和营运权全部掌握在承租人手中，船舶的所有权和经营权发生分离。承租人雇用船员，并且在合同规定的范围内进行船舶的经营、承担相应的风险。承租人所取得的是船舶的占有权和使用权，故光船租赁合同具有财产租赁合同的性质。

光船租赁合同具有许多优势。

首先，通过光船租赁，资金紧张又需要购买新船的租船人可以借此实现融资租赁的效果。这实际上就形成了租购。船舶出租人出资造船或者买入船舶，从而取得船舶的所有权，承租人通过光船租赁的形式租船并支付租金，取得船舶的占有使用权。在船舶租期届满时，承租人按照残值购买该船，取得该船的所有权。

其次，他国航运公司可以通过光船租赁的船旗来享受该船旗国所保留的沿海运输特权，同时也可以享受船旗国对于进出口货物运输的货载保留。

再次，通过光船租赁，船舶承租人可以节省船舶的首要成本，季节性营运的船舶承租人还可以节省营运成本。

最后，有些国家允许通过光船租赁来转换船旗而仍保留其原登记，从而能够使船舶承租人既享有船旗国相关利益，又保留原登记带来的利益。

一、主要条款

光船租赁合同的主要内容，规定在我国海商法第 145 条，光船租赁合同的内容，主要包括出租人和承租人的名称、船名、船籍、船级、吨位、容积、航区、用途、租船期间、交船和还船的时间和地点以及条件、船舶检验、船舶的保养维修、租金及其支付、船舶保险、合同解除的时间和条件，以及其他有关事项。

国际上目前较为通用的光船租赁合同格式是波罗的海国际航运公会制定的《标准光船租赁合同》，该格式具有 A、B 两种格式，A 格式适用于一般的光船租赁，B 格式适用于通过抵押融资的新建船舶的租赁。下面依据我国海商法结合光船租赁合同 A 格式就部分主要条款进行介绍。

1. 交船

光船租赁合同中船东的基本义务为在约定的时间、地点将适航船舶交给承租人。适航是指船舶的技术状况适合于通常的海上航行，船舶应当符合船旗国有关航行安全的规定，并且具备各种有效合格的证书。交船的时间和地点依双方约定，通常光船租赁的交船地点在码头，新建船的交船地点在造船厂。交船时间的最后一天是解约日，如果船东在最后一天仍不能交船，那租船人有权解除合同。依据我国海商法第 146 条的规定，如果出租人未能在约定地点、按约定时间向承租人交付适航的和适于合同约定用途的船舶及船舶证书，则承租人有权解除合同，并有权要求赔偿因此遭受的损失。

2. 检验与检查

交船和还船时，船舶所有人和承租人各自指定验船师对于船舶的现有状态进行检查。起租检验的相关费用和时间损失由船舶出租人承担，而退租检验时则由船舶承租人承担。

3. 船舶的使用与保养

光船租赁期间，承租人负责承担船舶的营运成本。未经船舶出租人同意，不得改变船舶的结构或者对机器、装置或者备件进行变动。在租期内，租船人还应当对于船舶、船机、锅炉、装置和备件进行良好的维修保养，使其在各个方面均处于良好的状态，同时还应该保持船级和其他必需证书的有效性。在船舶受损时，承运人应当在合理时间内进行修理，否则船舶所有人有权撤船并向租船人提出索赔。

4. 保险

光船租赁合同下船舶的保险由承租人负责，包括水险、战争险等，但是保险单的被保险人由船舶所有人和承租人共同署名。在船舶全损或者推定全损时，保险赔偿应当付给船舶所有人，由船舶所有人依照其与承租人之间的利益多少分配。

5. 还船

租期届满后，船舶所有人需要为船舶入坞、船舶退租检查做好准备。

二、责任承担

光船租赁情况下责任的承担包括三个方面：船舶成本、第三方人身伤亡责任和货损责任。

首先是船舶成本。

在光船租赁合同的情况下，船舶所有人仅承担船舶的首要成本，包括船舶的造价或者买入价、利息及贷款费、税款、登记费等内容，而租船人则承担运营成本和航次成本。营运成本包括船员雇佣成本、保险成本、维修成本、给养成本和日常开支成本等。

光船租赁合同最突出的特点即所出租船舶上并未配备船员，承租方自行雇佣船员。有关船员雇佣的费用，例如，工资、加班费、特别工作津贴、奖金、社会保障、退休费用、旅费、派遣费、膳宿费等均需要由租船人承担。保险成本主要包括船舶保险、战争险和保赔保险的相关费用。航次成本包括装卸费、燃油、港口规费、引航费、运河费、泊费等。

其次是第三人人身伤亡责任。

在光船租赁的情况下，船舶的所有权和经营权分离，那么此时如果因船舶碰撞而造成第三方的人身伤亡，由哪一方承担责任呢？一般而言，应当由承租人承担赔偿责任。但这并不意味着船舶所有人的绝对免责。如果交船前船舶已经存在缺陷且该缺陷导致第三方的人身伤亡，那么船舶所有人仍然应当负责。

最后是货损责任。

在海上货物运输合同中，货损责任是船方的基本责任。光船租赁的经营权掌握在承租人的手中，那么承租人应当对租船合同期间的货损负赔偿责任，而船舶所有人则应当对交船前存在的船舶不适航状况引起的货损负责。

三、风险承担

1. 船舶灭失风险

光船租赁情况下船舶的灭失风险承担应当依照合同的约定。如果合同中未加约定，则依照一般的法律规定，船舶灭失风险在交船时由出租人转移给租船人。但是，如果船舶的灭失是由于交船时存在的船舶不适航导致的，或者是船舶承租人能够证明船东未能按照约定使船舶适航，那么船东应当承担船舶灭失的风险。

2. 船舶损失风险

光船租赁期间船舶的所有权和经营权分离，船舶的占有权和经营权都归属于承租人，那么租船人应当承担租船期间船舶损失的风险，负担船舶的修理费用。但是，如果船舶的损失是由于交船时存在的潜在风险导致的，那么承租人承担修理费则有失公平。故在波罗的海国际航运公会制定的标准合同中规定：光船租赁合同 A 式中规定船东对交船后 18 个月内发现的潜在缺陷造成的损失负赔偿责任。

3. 时间损失风险

光船租赁中的时间损失全部由承租人承担。不论承租人是否将船舶投入实际营运，其均应当支付租金。虽然定期租船合同中时间损失风险也由承租人承担，但是二者存在很大的差异：定期租船下存在着停租的情形，但是光船租赁的情况下不存在停租的情形。

4. 船舶征用风险

关于船舶在光船租赁期间被征用的租金问题，标准光船租赁合同A式将其区分为两种情况：如果政府征用船舶，风险在租船人，租船人有义务继续支付租金；如果政府征收船舶，租船合同就此终止，那么租船人不必再支付租金。

【风险提示】

光船租赁下造成第三人人身伤亡，一般由承租人承担赔偿责任。但是如果交船前船舶已经存在缺陷且该缺陷导致事故的发生，则船舶所有人应承担责任。

【相关案例】

毕某某与舟山市贝壳岛旅游服务有限公司光船租赁合同纠纷案

2016年8月，被告承租了衢山镇政府所有的6艘休闲渔船。2016年9月7日，被告将租赁船舶中的“浙岱渔休00069”船用于同原告合作经营。双方签订《休闲船舶经营合作协议》，约定合作期限为2016年8月1日起至2017年12月31日止。该协议在履行过程中，原告维修船舶，并雇用轮机长一名，工资报酬为每月8000元，船上伙计一名，工资报酬为每月5000元。后原告得知因衢山镇政府于2016年春节初在岱山县闸口船厂修理期间，未经批准擅自更换船舶主机，该船于2017年6月23日被岱山县海洋与渔业局通知停航，导致原告经济损失，原告诉请赔偿。

法院认为，原、被告签订的《休闲船舶经营合作协议》内容符合光船租赁合同的特征，故本案系光船租赁合同纠纷。原、被告之间应当按该合同约定享受权利并承担义务。现合同期限已届满，被告应当依照合同第13条约定返还原告履约保证金，故对原告返还保证金10000元的主张，本院予以保护。在涉案合同履行过程中，因“浙岱渔休00069”船存在瑕疵以致合同目的未能全部实现，被告作为船舶提供方应当赔偿原告相应损失。

【法条指引】

中华人民共和国海商法（节录）

第一百四十六条 出租人应当在合同约定的港口或者地点，按照合同约定的时间，向承租人交付船舶以及船舶证书。交船时，出租人应当做到谨慎处理，使船舶适航。交付的船舶应当适于合同约定的用途。

出租人违反前款规定的，承租人有权解除合同，并有权要求赔偿因此遭受的损失。

第六章

海上拖航合同

进行海上拖航，应当由拖方和被拖方签订海上拖航合同。海上拖航合同又称为海上拖带合同。我国海商法第 155 条规定，海上拖航合同，是指承拖方用拖轮将被拖物经海路从一地拖至另一地，而由被拖方支付拖航费的合同。海商法中的规定不适用于在港区内对船舶提供的拖轮服务。

一般而言，需要海上拖航的情形包括以下几种：

其一，非机动船，如驳船、挖泥船等在进行航行时，以及帆船在需要加速航行时均需要拖航。

其二，漂浮物，如平台、浮动码头、木排等物体在移动时需要拖航。

其三，机动船在进出港口、靠离码头、移泊时，以及失去自航能力时，需要拖航。

拖航按照地区的不同可以分为港区拖航、沿海拖航和远洋拖带。

按拖航的形式可以分为一列式拖带、傍拖和顶推。一列式拖带指拖船在前、被拖船在后排成一列。傍拖指拖船在被拖船的侧面，采用并联方式连接，主要发生于港口浮吊。顶推则是拖船在后，被拖船在前，多用于拖船协助大船靠离码头或者调头。

海商拖航合同依照拖船费用计收方式的不同可以分为日租型海上拖航合同和承包型海上拖航合同。日租型拖航费按约定的日租金计收，承包型则是以双方事前约定好的金额来计收。

第一节　合同订立与解除

【规则要点】

海上拖航合同应当书面订立。拖航合同的解除包括起拖前解除和起拖后解除两种情况。在起拖后解除的情况下，一般不存在拖航费的返还。

【理解与适用】

一、订立格式与内容

（一）订立格式

根据我国海商法规定，海上拖航合同应当书面订立。海上拖航公司一般都有自己的海上拖航合同格式。目前主要采用的以及中国的海上拖航合同有以下几种：

1. 国际远洋拖航协议（日租）格式，代号为“TOWHIRE”，该格式由欧洲拖轮船东协会、波罗的海国际航运公会和国际救助同盟联合推荐。

2. 日本航运交易所拖航合同格式，代号为“NIPPONTOW”。

3. 中国拖轮公司拖航合同（日租）格式。

4. 中国海洋工程服务有限公司拖航合同（承包）格式，代号为“CHINATOW”。

（二）合同内容

不同的海上拖航合同其主要内容大体一致。我国海商法对海上拖航合同的主要内容进行了规定。根据该法规定，海上拖航合同的内容主要包括承拖方和被拖方的名称和住所、拖轮和被拖物的名称和主要尺度、拖轮马力、起拖地和目的地、起拖日期、拖航费及其支付方式，以及其他有关事项。

1. 拖航准备完毕通知

承拖方应当提供通常情况下必需的拖航装备或设备。拖轮船长应当在起拖前双方约定的时间内向被拖方或者其代理人发送准备完毕的通知。

2. 适航性

适航性包括被拖物的适航性和拖轮的适航性。被拖物的适航性由被拖方自身负责。被拖方应当在离港之前做好被拖物的拖航准备，包括保证被拖物的照明、灯号设备、龙须缆、拖架等装置。被拖船上如果载有货物，则被拖方应当保证货物的合理积载。被拖方应当保持被拖物处于符合保险公司验船师认为的或者公认的船级社及拖方船长要求的正常状态，且需要在约定的日期之前向拖方所有人或者拖方船长提供保险公司验船师或者公认船级社签发的被拖物适于拖带的证书及其他相关必要文件。

关于拖方的适航，我国海商法第 157 条规定，承拖方在起拖前和起拖当时，应当谨慎处理，使拖轮处于适航、适拖状态，妥善配备船员，配置拖航索具和配备供应品以及该航次必备的其他装置、设备。承拖方必须提供合同中约定的适航拖船，且合同双方也可以对拖轮的替换进行约定。

3. 拖航作业与航线

海上拖航合同的当事人双方可以约定拖航作业由哪一方指挥。一般而言，拖航由拖方指挥。只有在拖轮协助大船靠离码头或者移泊等少数的情况下才由被拖方的船长指挥。在拖船船长指挥的情况下，拖船船长对接拖和解拖被拖物和拖航作业有自由决定权。在航线问题上，如果没有指定，应当按习惯航线。

同时，海上拖航合同中一般还对合理绕航加以约定。拖轮有权在任何情况下决定救援其他船舶、为救援生命财产而偏航、为加油、修理、补充供应品或者其他必需品或者送丧失劳动能力的海员上岸而挂靠任何港口。在此期间损失的时间，被拖方无权向拖方主张时间损失赔偿。

4. 随船船员

如果政府部门要求拖轮船长或者保险人或者验船师认为有必要在被拖物上配备随船船员时，应当由被拖方对随船船员进行安排并承担相应的费用。如果被拖方要求，在拖方船长的同意下，被拖方也可以在拖方或者被拖物上安排随船船员并承担相关费用。随船船员必须服从拖方船长的要求。

5. 相关费用及分担

（1）拖航费与租金

承包型海上拖航合同的拖航费一般由双方协商决定分期支付。日租型海上拖航合同的拖轮租金按照双方约定的日租费率支付，一般而言，承租人需要在签订拖航合同时预付给拖轮的船舶所有人约定的金额，之后自起租日起，承租人每月按照日租费率预付30天租金一次。拖航终了两周内，按照合同条款结算。如果承租人未能按期交付租金，拖船船舶所有人有权撤回船舶，并且对由此产生的损失向承租人主张损害赔偿责任。

（2）延滞费

起拖的延误和目的港的延误均可能会导致延滞费的产生。产生延滞费的具体事项由双方约定。

（3）救助报酬

一般而言，在拖航中，如果被拖物自拖轮脱离，拖轮应当予以守护并且提供一切合理的服务来救助被拖物，且重新接上缆绳。这种服务属于海上拖航合同本身的范围之中，故拖方一般不得就此索取救助报酬。但是，如果拖轮进行的是海上拖航合同以外的救助性质的特殊服务，那么拖方可以向被拖方主张救助报酬。

（4）其余费用分担

费用分担一般都约定在海上拖航合同中。中国拖轮公司的相关规定因海上拖航合同类型的不同而不同：

对于承包型海上拖航合同，费用承担划分的基本原则是为哪一方利益则由哪一方承担。承拖方负责的是拖船船员工资、伙食、拖轮保险费、燃料、代理费、税费、领航费、港口规费、运河通行费以及其他与拖轮本身有关的费用；被拖方则负责支付被拖物的保险费和对第三方责任保险费、代理费、在所在港口及根据建议对被拖物及拖航布置所进行的检验费、税费、领航费、一切港口使费、进出港费、运河通行税、因航道狭窄或港内操作及安全航行而需要的辅助和护航拖轮费，以及其他与被拖物有关的费用。此外，如果是不可划分的费用，则拖方与被拖方各承担一半。

对于日租型海上拖航合同，拖轮船舶所有人负责拖轮的船员工资、淡水、伙食、润滑油费、拖轮保险费和维修保养费；承租人负责支付拖轮的租金、燃料费、港口费、领航费、代理费、辅助拖轮费、护航费、运河费、被拖物保险费和任何非中国征收的税费以及对拖航费所征收的印花税或者拖轮船舶所有人承担费用以外的费用，以及拖轮船舶所有人和拖轮船长认为必须在被拖物上派驻一定数量的随船船员而发生的费用。

日租型海上拖航合同中的租金和承包型海上拖航合同中的拖航费在性

质上是不同的。拖航费针对的是拖轮所提供的拖航服务，所以其中包含因拖航而发生的成本费。租金只是针对拖船的使用，不包括一些经营性的开支，因此不包含在租金中的燃料费、港口费、代理费、运河费等需要在合同中明文约定由被拖方负责，从而平衡双方的利益。

6. 承拖方留置权

如果被拖方未能依合同约定支付拖航费或者其他合同费用，承拖方就享有对于被拖物的留置权。该种留置权属于占有留置权，如果承拖方已经交付了被拖物，那么就视为承拖方已经放弃了其对于被拖物的留置权。承拖方留置权必须是在合同约定的期限已经届满但被拖方仍未支付合同约定的款项时才可主张。

实践中，往往会在海上拖航合同中明文约定哪些费用可以行使留置权以及这些费用的支付期限。

二、合同解除

依据我国海商法第158条和第159条的规定，拖航合同的解除包括以下两种情况。

其一，起拖前解除合同。

起拖前，由于不可抗力或者其他不能归责于双方的原因致使合同不能履行的，双方均可以解除合同，并且互相不必负担赔偿责任。拖航费已经支付的，承拖方应当退还给被拖方，合同另有约定的除外。

其二，起拖后解除。

起拖后，由于不可抗力或者其他不能归责于双方的原因导致合同不能继续履行，与起拖前解除一样，双方均不必承担赔偿责任。

但是此种情形下拖航费的处理方式，法律并没有明确规定。一般认为，拖航费一经收取，起拖后的风险由被拖方承担，故不存在拖航费的退还。

【法条指引】

中华人民共和国海商法（节录）

第一百五十八条 起拖前，因不可抗力或者其他不能归责于双方的原因致使合同不能履行的，双方均可以解除合同，并互相不负赔偿责任。除合同另有约定外，拖航费已经支付的，承拖方应当退还给被拖方。

第一百五十九条 起拖后，因不可抗力或者其他不能归责于双方的原因致使合同不能继续履行的，双方均可以解除合同，并互相不负赔偿责任。

第二节 责任承担与免责

【规则要点】

海上托航合同责任包括拖轮与被拖物之间的合同内责任和针对第三方的合同外责任。

【理解与适用】

一、责任承担

海上拖航合同下的责任包括两种，一种是拖轮与被拖物之间的合同内责任；另一种是拖轮和被拖物对第三方的合同外责任。

合同内责任规定在我国海商法第 162 条。该条采用了过错责任归责原则，规定在海上拖航过程中，承拖方或者被拖方遭受的损失，由一方的过失造成的，则过失方应当承担赔偿责任；如果双方过失造成，那么各方按照过失程度的比例承担赔偿责任。此项规定仅仅在海上拖航合同中没有约定或者没有不同约定时才可适用，表明以当事人意思自治为准。

合同外责任即为侵权责任。依据我国海商法第 163 条规定，在海上拖航过程中，由于承拖方和被拖方的过失，造成第三方人身伤亡或者财产损失的，承拖方和被拖方对第三方承担的是连带赔偿责任。除非合同另有约定，其中一方连带支付的赔偿超过了其应当承担的责任比例的，有权对另一方追偿。

在实践中，海上拖航格式合同一般规定对第三方的损害赔偿均由被拖方承担。这种约定通过当事人的合意排除了法律的适用，是有效的，但是其效力仅存在于当事人之间。当第三方向承拖方索赔的时候，承拖方不能以此约定为抗辩理由拒绝当事人的请求。承拖方只能在赔偿第三方之后依照合同向被拖方追偿。

二、承拖方免责

承拖方的免责情形规定在我国海商法第 162 条中。该条规定，如果承拖方能够证明被拖方的损失是基于以下情形之一产生的，则承拖方不必负担赔偿责任：

其一，拖轮船长、船员、引航员或者承拖方的其他受雇人、代理人在驾驶拖轮或者管理拖轮中的过失；

其二，拖轮在海上救助或者企图救助人命或者财产时的过失。

此处的免责只有在合同没有约定或者没有不同约定的情况下才可适用。

【风险提示】

海上拖航过程中，承拖方与被拖方过失共同造成第三方人身或财产损失的，二者承担连带赔偿责任。即使海上拖航合同中约定了责任比例的相关条款，该条款亦不可对抗受损第三方。

【相关案例】

大连万向公司与天津滨海公司拖船合同纠纷案

大连万向公司与天津滨海公司为拖带“港龙 1”轮签订运输合同。被拖船“港龙 1”（吃水 3 米）、主拖船“万向 7”（吃水 3.7 米），起止地点为天津临港产业园区锚地—葫芦岛港锚地。拖航过程中，由于风力等问题，“港龙艇 4 号”船拖缆断裂丢失，“万向 7”轮拖带“港龙 1”轮前往天津滨海公司指定交船地点，交船完毕解除拖带。天津滨海公司仅向大连万向公司支付了合同约定的预付款 3 万元，余款 25 万元一直未付。

法院认为，大连万向公司船员驾驶拖轮在海上采取抗风、避风措施属于驾驶和管理拖轮的行为。天津滨海公司既没有提出也没有举证证明大连万向公司在驾驶和管理拖轮行为中有过错。退一步讲，即使大连万向公司可以及早采取措施减少拖带时间或可避免拖缆断裂，根据海商法第162条第2款第1项的规定，大连万向公司依法也不应承担责任。尽管发生了“港龙艇4”轮丢失的情况，仍不影响天津滨海公司按约履行付清拖航费的义务，应承担相应的违约责任。

【法条指引】

中华人民共和国海商法（节录）

第一百六十二条 在海上拖航过程中，承拖方或者被拖方遭受的损失，由一方的过失造成的，有过失的一方应当负赔偿责任；由双方过失造成的，各方按照过失程度的比例负赔偿责任。

虽有前款规定，经承拖方证明，被拖方的损失是由于下列原因之一造成的，承拖方不负赔偿责任：

（一）拖轮船长、船员、引航员或者承拖方的其他受雇人、代理人在驾驶拖轮或者管理拖轮中的过失；

（二）拖轮在海上救助或者企图救助人命或者财产时的过失。

本条规定仅在海上拖航合同没有约定或者没有不同约定时适用。

第一百六十三条 在海上拖航过程中，由于承拖方或者被拖方的过失，造成第三人人身伤亡或者财产损失的，承拖方和被拖方对第三人负连带赔偿责任。除合同另有约定外，一方连带支付的赔偿超过其应当承担的比例的，对另一方有追偿权。

第七章

船舶碰撞

船舶碰撞是一种典型的海上交通事故。根据我国海商法的规定，船舶碰撞是指船舶在海上或者与海相通的可航水域发生接触造成损害的事故。此处所称的“船舶”，包括与海商法第 3 条所指船舶碰撞的任何其他非用于军事的或者政府公务的船艇。

船舶碰撞的发生原因有很多，既可能由客观环境和条件导致，也可能由驾驶人员主观上的过错导致。随着船舶本身和海上运输的发展，船舶碰撞对财产安全、人身安全造成的危害日益严重，同时对海域环境也造成极大的威胁。因此各国对于船舶碰撞问题给予越来越高的重视。

第一节　船舶碰撞的构成要件

【规则要点】

船舶碰撞包括船舶要求、碰撞发生在船舶之间、船舶之间存在接触、必须存在损害后果、碰撞必须发生在海上或者与海相通的可航水域五个构成要件。

【理解与适用】

依据我国海商法，船舶碰撞的构成包括五个构成要件：

第一，船舶要求。

发生船舶碰撞的船舶一方必须是我国海商法意义上的船舶。海商法第3条规定:“本法所称船舶，是指海船和其他海上移动式装置，但是用于军事的、政府公务的船舶和20总吨以下的小型船艇除外。前款所称船舶，包括船舶属具。”该条中的“用于”，应当理解为发生碰撞时该船艇正在为军事目的或者执行政府公务而使用。如果军事船舶或者政府公务船舶在用于商业运输的过程中发生碰撞，那么其同样适用我国海商法中关于船舶碰撞的相关规定。因此，中国海商制度中的船舶碰撞是指海船或者其他海上移动式装置相互之间，或者与任何其他非用于军事或者政府公务的船艇之间的碰撞。《最高人民法院关于审理船舶碰撞纠纷案件若干问题的规定》第1条中也规定:“本规定所称船舶碰撞，是指海商法第一百六十五条所指的船舶碰撞，不包括内河船舶之间的碰撞。”

第二，碰撞必须发生在船舶之间。

船舶碰撞必须是船舶与船舶或者其他海上移动式装置之间的碰撞。这一要件排除了船舶同非船舶，或者非船舶同非船舶之间的碰撞，例如，船舶碰撞码头、灯塔、灯船、防波堤或者其他固定建筑物或者水下固定物体。船舶碰撞引起的侵权纠纷案件，适用我国民法相关规定以及《最高人民法院关于审理船舶碰撞纠纷案件若干问题的规定》，确定各方当事人之间的权利义务以及损害赔偿的责任范围。

第三，船舶之间存在接触。

所谓接触，是指两船或者多船的某一部位同时占据同一空间而碰撞。因此，船舶碰撞中要求的碰撞是指直接接触的碰撞。从这个意义上说，间接碰撞或者浪损是不属于船舶碰撞的范围的。但是根据我国海商法第170条的规定，船舶因操纵不当或者不遵守航行规章，虽然实际上没有同其他船舶发生碰撞，但是使其他船舶以及船上的人员、货物或者其他财产遭受损失的，有关责任承担的问题仍然适用海商法中有关船舶碰撞的相关规定来处理。《最高人民法院关于船舶碰撞纠纷案件若干问题的规定》第1条第2款也进行了类似的规定。故间接碰撞问题作为一种例外规定，造成的损害事故也受到直接碰撞相关规定的调整。

第四，必须存在损害后果。

船舶碰撞的损害包括一方、双方或多方的货物、人员或者其他财产遭受损失或伤亡。损害后果是船舶碰撞关系存在的必然要求。因为船舶碰撞相关法律存在的意义就是解决船舶碰撞损害赔偿的问题，如果不存在损害后果，那么就不存在诉因。因此，仅有碰撞而没有损害后果，不能成立船舶碰撞法律关系

第五，碰撞必须发生在海上或者与海相通的可航水域。

“可航水域”指的是事实上可以供船舶航行的水域。在非与海相通的水域发生的船舶碰撞适用中国内河航运的相关规定。这个构成要件既界定了船舶碰撞的地理区域要求，同时也明确了相关纠纷的法院管辖问题，便利了当事人的诉讼和纠纷的解决。

我国海商法第 170 条规定：“船舶因操纵不当或者不遵守航行规章，虽然实际上没有同其他船舶发生碰撞，但是使其他船舶以及船上的人员、货物或者其他财产遭受损失的，适用本章的规定。”该条规定实际上是船舶的间接碰撞或浪损。根据该条规定，船舶间接碰撞或浪损的要件为：

一是船舶间没有实际接触。

“无接触”是指过失船和其他船没有接触，他船间的碰撞对于过失船来说是间接碰撞。

二是过失为前提条件。

该要件在直接碰撞中没有要求。没有过失船的“操纵不当或者不遵守航行规章”，就不会出现间接碰撞或浪损。但是，无过失船的过失，仍然可能存在直接碰撞，比如，不可抗力或者不能归责于当时双方的原因造成的碰撞。

三是他船有损害。

【风险提示】

一般意义上的船舶碰撞指直接接触的碰撞，但是依据我国海商法及《最高人民法院关于船舶碰撞纠纷案件若干问题的规定》，间接碰撞作为一种例外规定，也可参照适用相关规定。

【法条指引】

中华人民共和国海商法（节录）

第一百七十条 船舶因操纵不当或者不遵守航行规章，虽然实际上没

有同其他船舶发生碰撞，但是使其他船舶以及船上的人员、货物或者其他财产遭受损失的，适用本章的规定。

最高人民法院关于审理船舶碰撞纠纷案件若干问题的规定（节录）

第一条 本规定所称船舶碰撞，是指海商法第一百六十五条所指的船舶碰撞，不包括内河船舶之间的碰撞。

海商法第一百七十条所指的损害事故，适用本规定。

第二节 船舶碰撞的种类

【规则要点】

划分标准的不同，使船舶碰撞被划分为不同种类。依据碰撞过程中存在过失的当事方数量，船舶碰撞可以分为单方过失碰撞、双方过失碰撞和无过失碰撞；依据碰撞起因，可分为过失碰撞、不可抗力或意外事故碰撞、故意碰撞三类。

【理解与适用】

一、海商法中的过失

理解海商法意义上的过失，对于船舶碰撞的分类具有重要意义。海商法中的过失，通常是指行为人具有过失心理状态时作出的行为，即过失行为，而不是同民法中一样仅指过失的心理。船舶碰撞中的过失的判断采用的是客观标准，即船员、引航员在驾驶船舶、管理船舶的过程中，具有通常技术和谨慎从事的航海人员，应该预见碰撞损害的发生而没有预见，或者应该防止碰撞损害的发生或扩大而没有防止其发生或扩大，在这种情况下所作出的行为或不行为，即构成了船舶碰撞中的过失。

船舶碰撞中，过失可以分为实际过失和推定过失两大类。实际过失是指通过举证来证明一方在驾驶船舶或者管理船舶方面存在某种具体的过失。推定过失又可分为法律推定过失和事实推定过失。法律推定过失指如果某一船舶违反法定航行规则（包括国际性的规则），除非该船能证明在当时情况下，背离航行规则是必要的，或者违反规则在当时条件下不可能导致船舶碰撞损害的发生，否则，法律便推定违反航行规则的船舶犯有造成碰撞损害的过失。事实推定过失则是指从已经证实的基本事实中，推断出假定事实的存在。除非另一方能够证明损害是不可避免的，或者自身没有过失，或者过失并没有造成损害结果，否则就应当承担损害赔偿责任。

二、船舶碰撞的种类

依照不同标准，船舶碰撞可分为不同种类。如果根据碰撞过程中存在过失的当事方的数量，船舶碰撞可以分为单方过失碰撞、双方过失碰撞和无过失碰撞。单方过失碰撞是指船舶碰撞完全由一方过失而造成；双方过失碰撞是指双方互有过失造成的船舶碰撞；无过失碰撞是指碰撞不存在人为的因素，或者即使存在人为因素，也不构成碰撞的原因或者原因无法查明。

如果根据碰撞的起因分类，船舶碰撞可以分为过失碰撞、不可抗力或意外事故碰撞、故意碰撞三类。过失碰撞包括上述单方过失碰撞和双方过失碰撞。故意碰撞是指船员或引航员故意碰撞其他船舶或其他海上财产。这种情况极为少见，也不是海商制度所规范的重点。在该种情况下，除了承担全部损害赔偿责任外，还可能承担刑事责任。

第三节　船舶碰撞的损害赔偿

【规则要点】

船舶碰撞损害赔偿产生条件：1. 加害方主观上存在过失；2. 客观上有碰撞和损害的事实；3. 过失与损害事实之间存在因果关系。船舶碰撞损害赔偿基本原则包括恢复原状原则和受害方防止损失扩大原则两项内容。

【理解与适用】

船舶碰撞本质上是一种民事侵权行为，其损害赔偿的产生必须满足以下几个条件：

（1）加害方主观上存在过失；

（2）客观上有碰撞和损害的事实；

（3）过失与损害事实之间存在因果关系。

一、损害赔偿责任主体

船舶碰撞的责任主体一般为船舶的过失方。如果是单方过失碰撞，具有过失责任的船舶需承担全部损失的赔偿责任。依据我国海商法第 168 条的规定，该过失船舶不仅要承担自己遭受的损失，还要对碰撞造成的相碰船舶和第三人的全部财产损失和人身伤亡承担赔偿责任。

如果是双方过失碰撞，依照我国海商法第 169 条的规定，船舶发生碰撞，碰撞船舶互有过失的，根据各船舶的过失程度按比例分担损失。如果双方的过失程度相当，或是过失程度无法判定，则各方平均分担责任。碰撞造成第三人财产损失的，各船的赔偿责任均不超过其应当承担的比例。互有过失的船舶对造成的第三人的人身伤亡，负连带赔偿责任。

如果发生的船舶碰撞是无过失碰撞，该种情况下碰撞双方互不负赔偿责任。我国海商法第 167 条规定，船舶发生碰撞，是由于不可抗力或者其他不能归责于任何一方的原因或者无法查明的原因造成的，碰撞各方互相不负赔偿责任。

此外，值得注意的是特殊作业中的过失碰撞责任。这种情况包括三类，即引航员过失导致碰撞责任、拖航作业中的过失碰撞责任和救助作业中的过失碰撞责任。

在引航员过失导致碰撞的情况下，引航员本身会得到应得的处分，但是引航员本身和引航员的雇主是不直接承担赔偿责任的。其过失仍然视为船长和船员的过失造成的碰撞，由船舶所有人承担损害赔偿责任。这种责任承担方式在强制引航的状况下同样适用。

在拖航作业中发生船舶碰撞，除非海上拖航合同另有规定，应当根据拖航作业的具体情况，确认拖船与被拖船是否为一个整体从而确定碰撞过失和责任。如果拖船或者被拖船某一方的责任造成碰撞，那么该责任是单方责任，由过失方单独承担责任；如果拖船与被拖船互有过失责任，则它们应当对无辜第三者负连带责任，赔偿后再根据过失的比例来分担。

如果救助方在救助作业中存在过失、造成船舶碰撞，最终导致被救助方船员损失扩大，或者增加了救助作业的难度，那么救助方的救助报酬就会相应较少或免除，甚至对被救助方进行赔偿。

二、损害赔偿基本原则

船舶碰撞事故发生后，最终要确定过失方损害赔偿金额。船舶碰撞损害赔偿的基本原则，指的是在确定船舶碰撞致损的赔偿范围时应当遵循的基本法律准则和指导思想。船舶碰撞本质上属于一种特殊侵权行为，其损害赔偿除了适用民法中关于侵权行为损害赔偿的相关原则和规则，还适用我国海商法以及《最高人民法院关于审理船舶碰撞和触碰案件财产损害赔偿的规定》。船舶碰撞损害赔偿基本原则包括以下两项。

（一）恢复原状原则

恢复原状是我国民法总则第 179 条规定的一种承担民事责任的方式。根据 1985 年《确定海商碰撞损害赔偿的国际公约草案》第 3 条的规定，恢复原状是指损害方应当使受害方尽量接近受害事故发生前的状况。比较而言，民法意义上的恢复原状多指物质形态上的复原，而海商法意义上的恢复原状在多数情况下指对受害方价值的补偿，即金钱上的补偿。对于碰撞造成的人身伤亡，则不适用恢复原状原则。

（二）受害方防止损失扩大原则

根据我国法律规定，受害方也负有尽力防止损失扩大的义务。依据《最高人民法院关于审理船舶碰撞和触碰案件财产损害赔偿的规定》第 1 条的规定，在确定碰撞损害赔偿范围时，因请求人的过错造成的损失或者使损失扩大的部分，不予赔偿。因此，在船舶碰撞事故发生之后，受损方有义务采取一切合理措施防止损失扩大。否则扩大部分的损失不得列入赔偿范围。

在适用该条原则时，应当注意：

（1）受害方是否真正采取措施防止损失扩大，属于事实问题；

（2）受害方采取合理措施取得了防止损失扩大的结果；

（3）受害方为采取合理措施而支付的费用，应当列入赔偿范围之中。

三、损害赔偿范围

我国海商法对于船舶碰撞损害赔偿的规定比较概括，其具体范围规定在《最高人民法院关于审理船舶碰撞和触碰案件财产赔偿的规定》中。目前，中国审判实践中船舶损害赔偿范围主要包括：

（一）船舶损害

船舶损害赔偿包括全损赔偿和部分损失赔偿。

1. 船舶全损赔偿

船舶全损指船舶实际全部损失，或者损坏已经达到了相当严重的程度，以至于救助、打捞、修理等费用之和已经达到或超过碰撞或者碰触前存在的船舶价值，包括实际全损和推定全损两种。

在船舶全损的情况下，赔偿的具体内容为：

（1）船舶价值损失；

（2）未包括在船舶价值内的船舶上的燃料、物料、备件、供应品、渔船捕捞设备、网具、渔具等损失；

（3）船员工资及其他合理费用。

2. 船舶部分损失赔偿

船舶部分损失赔偿包括：

（1）合理船舶临时修理费、永久的修理费以及辅助费用、维持费用。

但是该项内容存在一定的限制：首先，船舶应当就近修理，除非请求人能够证明在其他地方修理更能减少损失和减少费用，或者有其他的合理理由。如果船舶经过临时的修理即可继续运营，请求人有责任进行临时修理。船舶碰撞部位的修理，同请求人为保证船舶适航，或者因另外事故所进行的修理，或者与船舶的例行检修共同进行时，赔偿仅限于修理本次船舶碰撞的受损部位所需要的费用和损失。

（2）合理的救助费；

（3）沉船的勘查、打捞和清除费用；

（4）设置沉船标志费用；

（5）拖航费用；

（6）本航次的租金或者运费损失；

（7）共同海损分摊；

（8）合理的船期损失以及其他合理费用。

（二）船上财产损失

船上财产损失包括：

(1) 船上财产的灭失或者部分损坏引起的贬值损失；

(2) 合理的修复或者修理费用；

(3) 合理的财产救助、打捞和清除费用；

(4) 共同海损分摊以及其他合理费用。

关于船上财产损失的计算，标准如下：

第一，对于船上货物的损失，分为货物灭失和货物损坏两种情况。

如果是货物灭失，则按照货物的实际价值进行赔偿。实际价值指货物装船时的价值加上请求人已经支付的保险费，同时需要扣除可以节省的费用。如果是货物损坏，一般按照修复所需费用进行赔偿；也可以按照货物的实际价值扣除残值和可节省的费用进行计算。对由于船舶碰撞导致船舶迟延交货所产生的损失，则按照迟延交付货物的实际价值加上预期可得利益与到岸时的市场价值的差价计算。但是预期利益的计算存在一定的限制，即预期可得利润不得超过货物实际价值的百分之十。

第二，对于船上捕捞的鱼货，以实际的鱼货价值计算。

鱼货价值参考船舶碰撞事故发生时当地的市场价，同时需要扣除可节省的费用。船上渔具、网具的种类和数量，以本次出海捕捞作业所需量减去现存量进行计算。但是如果其所需量超过了渔政部门规定或者许可的种类和数量的，不予以认定。渔具和网具的价值应当按照原购置价或者是原造价扣除折旧费和残值计算。

第三，旅客行李、物品，包括自带行李的损失。

旅客行李、物品，包括自带行李的损失属于本船旅客的损失，应当依照我国海商法中海上旅客运输合同的相关规定进行处理。船员个人生活必需品的损失，直接按照实际损失适当赔偿。

第四，承运人与旅客书面约定由承运人保管的货币、金银珠宝、有价证券或者其他贵重物品的损失，依照海商法相关规定处理。

船员、旅客、其他人员个人携带的货币、金银珠宝、有价证券或者其他贵重物品的损失，不予认定。

第五，船上其他财产的损失，按照其实际价值计算。

(三) 间接损失

间接损失包括运费、营业收入、捕捞利益等利益。碰撞导致定期租船合同承租人停租或者不付租金的，以停租或者不付租金的金额扣除可节省的费用计算。因为货物灭失或者损坏导致到付运费损失的，以尚未收取的运费金额扣除可节省的费用计算。

船期损失是指船舶进行船舶碰撞损坏的修理时，由于船舶所有人不能正常使用该船而导致的损失。船舶全损的，以找到替代船所需的合理期间为限度，但是该期限最长不得超过两个月；船舶部分损坏的，其修船期限以实际修复所需要的合理期间为限度，该期间中包括了联系、住坞、验船等需要的合理时间。船期损失，一般按照船舶碰撞前后各两个航次的平均净盈利计算；无前后两个航次可参照的，以其他相应航次的平均净盈利计算。

渔业船舶的船期损失，按照上述期限扣除休渔期为限，或者以一个渔汛期为限。渔船渔汛损失以该船前三年的同期渔汛平均净收益计算，或者以本年内同期同类渔船的平均净收益计算。计算渔汛损失时，应当考虑到碰撞渔船在对船捕鱼作业或者围网灯光捕鱼作业中的作用等相关因素。

（四）利息损失

利息损失的计算包括支付利息的利率和期间两个方面。利率应当按照本金性质的同期利率计算。而支付利息的期间，根据最高人民法院的规定为船期损失的停止计算之日起至判决或者调解指定的应付之日为止；其他各项损失的利息，从损失发生之日或者费用产生之日起计算至判决或调解指定的应付之日为止。

（五）人身损害赔偿

人身损害赔偿包括人身伤害赔偿和人身死亡赔偿两种。在中国，侵权行为造成人身伤亡的纠纷适用《中华人民共和国民法总则》《中华人民共和国民法通则》《中华人民共和国侵权责任法》《最高人民法院关于审理人身损害赔偿案件适用法律若干问题的解释》等相关法律法规及司法解释。

1. 人身损害导致的财产损失赔偿范围

财产损失赔偿范围包括以下四个方面：

（1）因治疗损伤支出的费用，如医疗费、护理费、交通费、营养费、后续治疗费、康复费等；

（2）因增加生活上需要而支出的费用，如残疾器具费、长期护理费；

（3）因误工导致的收入损失；

（4）因全部或部分丧失劳动能力导致未来收入丧失或减少，或因死亡导致未来无收入的损失。

2. 损害赔偿标准

中国损害赔偿标准采用的是差额赔偿和定型化赔偿相结合的原则。差额赔偿指以受害人发生损害前后费用增加或者财产减少的差值来作为赔偿依据。定型化赔偿则是指不考虑具体受害人的个人财产损失，而是以损害赔偿应当享有的社会标准为基础直接确定固定标准的赔偿方式。

《最高人民法院关于审理人身损害赔偿案件适用法律若干问题的解释》对于残疾赔偿金和死亡赔偿金的规定就体现了定型化赔偿的原则，而对于医疗费、误工费等个人差异较大的内容则采用差额赔偿的方式，根据实际支出进行赔偿。

3. 损害赔偿计算标准

致人残疾的，收入损失包括残疾赔偿金和被抚养人生活费，该两项费用分别对应的是城镇居民人均可支配收入（或者农村居民人均纯收入）和城镇居民人均消费性支出（或者农村居民人均年生活消费支出）两项指标。致人死亡的，赔偿亲属的费用包括死亡赔偿金和被抚养人生活费。死亡赔偿金按照受诉法院所在地上一年度城镇居民人均可支配收入或者农村居民人均纯收入标准，时间按照20年计算。如果死者年龄为60周岁以上，年龄每增加1岁则减少1年。75周岁以上的，按照5年计算。对于被抚养人的生活费计算标准同上，参照城镇居民人均消费性支出（或者农村居民人均年生活消费支出）予以赔偿。

【风险提示】

在引航员过失导致船舶碰撞的情况下，引航员本身不作为对外承担责任的主体，损害赔偿责任由船舶所有人承担。

【相关案例】

毛某某诉陈某某、嵊泗县江山海运有限公司船舶碰撞损害赔偿责任纠纷案

陈某某所有的“浙嵊97506”轮（登记的船舶经营人为江山海运有限公司）从江苏省启东吕四渔港经济区海口枢纽工程作业点空载开往嵊泗途

中，在江苏启东沿海大弯洪水道吕四大唐电厂码头上游端前沿约200米附近水域与毛某某实际出资、所有并经营的未经海事主管机关登记、无检验证书、船员无适任证书的“三无”砂石船“台联海18”轮发生碰撞。一审法院经审理查明认定，根据碰撞责任比例，“浙嵊97506”轮损失87730元，应由毛某某承担26319元，陈某某承担61411元。“台联海18”轮损失4798954元，应由毛某某承担1439686.20元，陈某某承担3359267.80元。即陈某某应向毛某某赔偿3359267.80元，毛某某应向陈某某赔偿26319元，两相抵扣后，陈某某还应向毛某某赔偿3332948.80元。故判决被告陈某某于本判决生效之日起10日内向原告毛某某赔偿人民币3332948.80元及相关利息。二审维持原判。

【法条指引】

最高人民法院关于审理船舶碰撞和触碰案件财产损害赔偿的规定（节录）

三、船舶损害赔偿分为全损赔偿和部分损害赔偿。

（一）船舶全损的赔偿包括：

船舶价值损失；

未包括在船舶价值内的船舶上的燃料、物料、备件、供应品，渔船上的捕捞设备、网具、渔具等损失；

船员工资、遣返费及其他合理费用。

（二）船舶部分损害的赔偿包括：合理的船舶临时修理费、永久修理费及辅助费用、维持费用，但应满足下列条件：

船舶应就近修理，除非请求人能证明在其他地方修理更能减少损失和节省费用，或者有其他合理的理由。如果船舶经临时修理可继续营运，请求人有责任进行临时修理；

船舶碰撞部位的修理，同请求人为保证船舶适航，或者因另外事故所进行的修理，或者与船舶例行的检修一起进行时，赔偿仅限于修理本次船舶碰撞的受损部位所需的费用和损失。

（三）船舶损害赔偿还包括：

合理的救助费，沉船的勘查、打捞和清除费用，设置沉船标志费用；

拖航费用，本航次的租金或者运费损失，共同海损分摊；

合理的船期损失；

其他合理的费用。

四、船上财产的损害赔偿

船上财产的损害赔偿包括：

船上财产的灭失或者部分损坏引起的贬值损失；

合理的修复或者处理费用；

合理的财产救助、打捞和清除费用，共同海损分摊；

其他合理费用。

第四节　船舶碰撞诉讼特别程序

【规则要点】

船舶碰撞案件由于自身的复杂性和特殊性，主要适用海事诉讼特别程序法的特殊程序规定。

【理解与适用】

船舶碰撞案件一般比较复杂，且具有较强的技术性，实践中船舶碰撞案件大部分为双方互有过失的案件，且一般证据比较缺乏。有的当事人为了取得优势地位，经常对证据进行篡改，这无疑使法院采用事实推理的方法审理船舶碰撞案件变得更加困难。此外，海事行政机关对船舶碰撞事故享有调查处理权。这些特点使得船舶碰撞案件在适用《中华人民共和国民事诉讼法》一审程序进行审理的过程中表现出了较大的不适应性。为了保证船舶碰撞案件能够得到高效和公正的处理，我国海事诉讼特别程序法采用专节规定的形式在第八章第一节针对船舶碰撞案件的特殊性制定了一系列规范船舶碰撞案件的程序性规定。同时船舶碰撞案件的审理还适用《海诉法司法解释》和《最高人民法院关于审理船舶碰撞纠纷案件若干问题的规定》。

一、《海事事故调查表》

船舶碰撞事故自身的特点导致证据难以保留。为了在有效时间内使目击事故发生的船员尽可能真实、完整、全面回忆碰撞情况，取得第一手证据材料，各国一般会要求当事人在提交诉讼文书之前填写类似于“初步文书”的文书从而防止假证现象的产生。

中国与之相类似的制度是《海事事故调查表》。海事诉讼特别程序法第 82 条规定，原告在起诉时，被告在答辩时，应当如实填写《海事事故调查表》。根据《海诉法司法解释》第 56 条，《海事事故调查表》最迟在一审开庭前，连同有关船舶碰撞的事实证据材料提交审理案件的海事法院。

依据《海诉法司法解释》第 57 条和第 58 条的规定，《海事事故调查表》本身属于当事人对于船舶碰撞的基本事实的陈述。经过对方当事人的认可或者经过法院查证属实，可以作为认定事实的依据。有关船舶碰撞的事实证据材料指涉及船舶碰撞的经过、碰撞原因等方面的证据材料。

二、举证

船舶碰撞案件中，直接、有效的证据很难获得。实践中，大多只有双方当事人或者证人的陈述，甚至只有单方的陈述。

为了保证船舶碰撞案件中证据的可靠，防止当事人在诉讼过程中修改己方证据或虚假翻供，法律对于证据的保密和固定提出了严格的要求，主要可概括为以下几个方面：

（一）限期申报事故情况

双方当事人必须严格按照法律规定的举证时限提供证据，如实填写《海事事故调查表》，在当事人不提供或者逾期提供的时候，认定其不能对其主张举证。

（二）送状不附证

我国海事诉讼特别程序法第 83 条要求海事法院在向当事人送达起诉状或者答辩状的时候，不附送相关的证据材料，从而避免当事人准备假证。

（三）举证之后再阅卷

依据海事诉讼特别程序法第 84 条规定，当事人应当在开庭之前完成举证。在完成举证且出具了举证说明书之后，当事人可以申请查阅船舶碰撞的相关事实证据材料。

（四）禁止翻供

海事诉讼特别程序法第 85 条规定：当事人一般不得推翻其在《海事事故调查书》中的供述，除非能够提供新的证据且可以说明该证据无法在举证期限内提供的合理理由。该条中的“新的证据”在《海诉法司法解释》第 59 条中进行了界定，指的是非当事人所持有，在开庭前尚未掌握或者不能获得，因而在开庭前不能举证的证据。

另外，《中华人民共和国海上交通安全法》赋予了海事主管机关对于海上交通事故的行政管理权，其可以在碰撞事故发生之后主动收集、制作相关碰撞事实的调查材料。其中包括航海日志、轮机日志以及海事事故调查笔录。我国《最高人民法院关于审理船舶碰撞纠纷案件若干问题的规定》第 11 条规定，船舶碰撞事故发生后，主管机关依法进行调查取得并经过事故当事人和有关人员确认的碰撞事实调查材料，可以作为人民法院认定案件事实的证据，但有相反证据足以推翻的除外。

三、船舶检验与估价

一般而言，在船舶碰撞事故发生之后，诉讼当事人会对受损的船舶进行检验、估价和修理。但是在实践中常常出现的情形是当事人对相关过程进行造假，修理费用和船舶估价与事实不符。

为了实现公平审判，保护各方合法利益，我国海事诉讼特别程序法第 86 条规定，船舶检验、估价应当由国家授权或者其他具有专业资格的机构或者个人承担。非经国家授权或者未取得专业资格的机构或者个人所作的检验或者估价结论，海事法院不予采纳。因此，非经国家授权或者未取得专业资格的机构或者个人所作的检验或者估价结论不具有法律效力，是不能作为证据为海事法院所采信的。

四、审理期限

我国民事诉讼法第 149 条规定，人民法院适用普通程序审理的案件，应当在立案之日起 6 个月内审结。有特殊情况需要延长的，由本院院长批准，可以延长 6 个月；还需要延长的，报请上级人民法院批准。该条适用于非涉外民事案件的第一审普通程序。但是由于船舶碰撞案件案情复杂、证据缺乏，且技术性较强，故我国海事诉讼特别程序法第 87 条规定，海事法院审理船舶碰撞案件，应当在立案后 1 年内审结。有特殊情况需要延长的，由本院院长批准。该条作为特别法优先于民事诉讼法第 149 条而适用。故无论船舶碰撞案件是否存在涉外因素，一律采用 1 年的审理期限。这种规定既有利于查明案件事实、公正审判、保证当事人双方的合法权益，又在一定程度上兼顾了审理效率。其中可经院长批准继续延长审限的灵活性规定也体现了对于审理结果公正合理目标的追求。

【法条指引】

中华人民共和国海事诉讼特别程序法（节录）

第八十四条 当事人应当在开庭审理前完成举证。当事人完成举证并向海事法院出具完成举证说明书后，可以申请查阅有关船舶碰撞的事实证据材料。

最高人民法院关于适用《中华人民共和国海事诉讼特别程序法》若干问题的解释（节录）

第五十八条 有关船舶碰撞的事实证据材料指涉及船舶碰撞的经过、碰撞原因等方面的证据材料。

有关船舶碰撞的事实证据材料，在各方当事人完成举证后进行交换。当事人在完成举证前向法院申请查阅有关船舶碰撞的事实证据材料的，海事法院应予驳回。

第八章

海难救助

海难救助又称为海上救助，指在海上或者与海相通的水域，由外来力量对遭遇海难的船舶、货物和客货运费的全部和部分进行救助的行为。实施救助的外来力量可以是从事救助工作的专业救助人，也可以是邻近或过往的船只。海难救助是海商法中所特有的法律制度，它是针对海上的特殊风险产生的。我国海商法第九章对于海难救助进行了专章规定，该章是参照《1989 年国际救助公约》制定的，既拥有传统基础，同时也吸收了海难救助问题的新发展。

海难救助具有多种方式。既可以直接进行，也可以间接进行。间接参与的海难救助行动包括提供船员、设备、给养等。

直接进行海难救助的具体方式包括：

1. 海上拖航

海上拖航救助是指拖轮将遇险船舶拖至安全地点的行为。海难救助中的海上拖航与海上拖航合同中的海上拖航有着明显的区别，前者指的是对遇险船舶和其他财产进行救助的行为，后者则是指承拖方用拖轮将被拖物经由海路从一地拖至另一地的过程。二者之间存在竞合，可以进行转化，即将海上拖航作业转化为海难救助行为。例如，拖船在履行拖带合同过程中，因恶劣天气导致缆绳被台风刮断，拖船与被拖船分离，此时拖航合同视为终止。如果拖船冒险去寻找被拖船且重新进行拖带，那么此时就视为海上救助中的拖航行为，可以主张救助报酬。

2. 搁浅船舶脱浅

指帮助搁浅船舶起浮从而使其脱浅。

3. 扑灭船上火灾

指救助船舶帮助被救船舶扑灭火灾并救助船上的人员和财产。但是如果火灾已经处于无法扑灭的境地，那么将该起火船舶拖出港口、码头等危及其他财产和生命的区域，也应当属于海难救助。

4. 守护遇险船舶

当先后几艘船舶到达求救船舶处，后到达的船舶可以在一旁守护以备不时之需，这种行为也属于海难救助。

5. 为遇险船舶提供船员及物资

除了以上几种典型救助方式之外，海难救助方式还包括为遇险船舶的救助提供相应的指导，帮助其求救、打捞，以及防止遇险船舶可能导致的海域污染等方式。

第一节 海难救助的种类

【规则要点】

依据救助对象的不同，海难救助可分为对物救助和对人救助；依据救助性质不同，海难救助可以分为纯救助、合同救助和义务救助；依据进行海难救助时的紧急程度，海难救助可以分为救助和捞救。

【理解与适用】

海难救助可以分为不同的种类，分类依据包括救助对象、救助性质和救助紧急程度等。

首先，依据救助对象的不同，海难救助可以分为对物的救助和对人的救助。

这里的物指的是船舶、船上财产或者海上财产，比如，遇难的水上飞机、落海的卫星等。

对人的救助则是国际法所规定的义务，因此救助者不得主张海难救助报酬。只有在救助人员的同时也进行了船舶或财产的救助，人员救助者才能主张分享救助报酬中的合理份额。

其次，依据救助性质不同，海难救助可以分为纯救助、合同救助和义务救助。

纯救助指的是船舶遇难后，救助人未经请求即自行实施救助的行为。如果救助有效，救助人可以主张救助报酬。

合同救助主要包括两种形式，一种是“无效果，无报酬”的救助；另一种是雇佣救助。“无效果，无报酬”的救助是最为普遍的救助形式，也是我国海商法中规范的、我国海商制度中所讨论的最主要的内容。雇佣救助是指救助人与被救助人签订雇佣救助合同，约定以救助人所使用的人力、物力及时间来计算救助报酬的救助形式；在实施救助的过程中，一般由被救助人进行指挥。在该种救助方式中，无论救助是否有效果被救助方均应当依照合同约定支付救助报酬，因此其报酬一般较低。

义务救助是指属于救助人职务范围内的救助，例如，海上防卫队进行的救助。在该种情况下，救助人也不得主张救助报酬。

最后，依据进行海难救助时的紧急程度，海难救助可以分为救助和捞救。前者是指船舶在未脱离船员占有的情况下由第三方进行的救助，后者则是在船舶或者财产已经脱离了船员的占有，落入海中即将沉没或随水漂流时，由第三方进行的救助。二者的报酬由于难度的不同而有所区别。我国海商法中并未区分该种分类。

第二节　海难救助构成要件

【规则要点】

海难救助的构成要件包括救助标的、危险要件、主观要件和救助效果四项，缺一不可。客观上，海难救助标的为船舶和其他财产，同时要求必须存在海上危险，且一般而言救助须有效果。主观上，救助方可以是自愿或非自愿救助，但是被救助方必须是自愿被救助，也就是赋予了被救助方选择救助方的权利。

【理解与适用】

"无效果，无报酬"的救助是最为普遍的救助形式，也是中国海商制度中讨论的重点。故本章海难救助构成要件实质上是针对该种救助方式的构成要件进行分析。只有满足其构成要件，海难救助才能成立，救助者才能主张海难救助的报酬。"无效果，无报酬"形式海难救助的成立包括救助标的、危险要件、主观要件和救助效果等四方面的要求。

一、救助标的

在救助标的方面，海难救助要求被救助标的必须是法律所认可的标的。因为海难救助标的作为海难救助法律关系的客体，其范围已经由法律明确规定。如果救助标的不在法律所划定的范围内，救助人主张救助报酬的要求就没有法律依据。我国海商法第171条将海难救助标的规定为船舶和其他财产，该种规定是对于传统海难救助标的的范围的扩大。

（一）船舶

船舶是典型的也是基础的海难救助标的。但是对于被救助船舶的具体范围，各国规定却各不相同，例如，有的要求若被救方船舶是内河船舶，那么救助方船舶必须是海船；也有的要求海难救助相关规定不得适用于军用船舶或政府用船舶；等等。就中国规定而言，海商法第172条中有关海难救助的船舶规定为该法第3条中所定义的船舶和与其发生救助关系的任何其他非用于军事的或者政府公务的船舶。该项规定实质上放宽了海难救助中船舶的范围，其仅要求海难救助双方中的其中一方是中国海商制度意义上的船舶，即海船、其他海上移运式装置中除去用于军事、政府公务或者是总吨在20吨以下的小型船艇之外的部分；而对于另一方则要求较低，除军用船舶或是政府公务船艇均可。

（二）其他财产

我国海商法第172条规定："……（二）'财产'，是指非永久地和非有意地依附于岸线的任何财产，包括有风险的运费。"该条定义直接排除了永久地或有意地依附于岸线的建筑物，如防波堤、码头、栈桥等。但落海航空器、落海卫星、浮船坞等一般均被认为包括在该财产概念之中。值得注意的是，航空器并不是传统海难救助的标的，因为航空器本身是不具备海上特征的。但是随着社会经济和科学技术的发展，海难救助中航空器作为标的的情形越来越多。如果不将航空器划入海难救助标的范围，那么将会使其被救概率下降，导致极大的经济损失。故在《1989 年国际救助公约》中和我国海商法中均将其纳入海难救助标的的范围之中。

船上财产一般都属于海上财产的范围之中，如船上货物、船舶拖带物、船载必需品、旅客行李等。但是，鉴于海难救助制度的设计目的是鼓励海上事业的发展，海难救助的标的范围界定也必须考虑这一点而加以限制，对于船上财产也需加以区分。一般而言，海难救助标的要求具有海上特征，则传统的船上财产如船员的私人物品、旅客的自带行李等，不属于海难救助标的的范围。这一点也体现在我国海商法第 181 条："船舶和其他财产的获救价值，是指船舶和其他财产获救后的估计价值或者实际出卖的收入，扣除有关税款和海关、检疫、检验费用以及进行卸载、保管、估价、出卖而产生的费用后的价值。前款规定的价值不包括船员的获救的私人物品和旅客的获救的自带行李的价值。"

具有"财产"意义的运费，仅指具有风险的运费。已付运费不是救助的标的，只有到付运费才是有风险的运费，才可以作为海难救助的标的。

（三）环境污染损害

环境污染损害是海难救助的一种间接标的。如果救助人对可能造成环境污染的船舶或者货物进行了救助，那么环境因素将成为确定救助报酬的考虑因素之一。这一点对于减少油轮对海域造成的污染具有重要意义。《1989 年国际救助公约》考虑到这一点，故专门规定了对涉及环境污染的船舶进行救助的特别补偿条款。特别补偿条款的适用并不要求必须有救助的效果，采用的是"无效果，仍给予一定补偿"的原则。

我国海商法规定如果救助人对造成环境损害的船舶或者船上财产进行救助，那么无论该种救助是否产生了效果，救助人均可以主张特别补偿。这里的环境污染损害在我国海商法中并没有明文定义，参考国际规定，其应当认为是指由于污染、沾污、火灾、爆炸或者类似的事故对人类健康，对沿海、内水或其毗连区中的海洋生物、海洋资源所造成的重大有形损害。

二、危险要件

海难救助要求必须存在海上危险。对于海上危险，并没有直接的规定，各国包括中国一般是通过如下三个特征来进行判断：

第一，位置上应当发生在海上或者与海相通的水域。

海难救助针对的是海上风险，必须发生在海上或者与海相通的水域。如果是船舶修理过程中在修理厂发生危险，那么即使进行了救助，也不得以海难救助为依据主张救助报酬。

第二，程度上应当是发生了船员无法自救的危险。

这要求当船舶发生危险如碰撞、触礁、搁浅等时，船员无法通过自己的力量或船上相关设施脱险。对于危险是否已经达到无法自救的程度，一般应当采用主客观相结合的判断标准。主观标准主要是指船长是否认为应当请求并接受他方的救援或者发出求救信号，这是船长的主观判断；客观标准则是通过客观证据来认定是否已经无法通过自救脱险。实践中，主观判断的应用范围较广，但是由于船长个人判断可能具有片面性或者私心，故应当将主客观标准相结合来判断危险的程度。

第三，船舶与其他财产至少一方面临危险。

海难救助不同于共同海损，不需要船舶与相关财产共同遭遇危险。在满足前两个特征的前提下，只要其中一方存在危险，即可认定为存在海上危险而进行海难救助。

三、主观要件

（一）救助方主观要件

1. 一般情形：自愿救助

海上救助必须是自愿的行为。如果救助是基于合同义务或是法律规定，那么就不能认为其属于自愿救助，也就不能以海上救助为由主张救助报酬。我国海商法第 186 条规定，正常履行拖船合同或者其他服务合同的义务进行救助的，无权获得救助报酬。对于救助人而言，如果不愿意施救则不必施救，事后也不必承担任何法律责任；如果愿意施救，那么如果有救助效果则可以主张救助报酬。这种救助才是自愿的救助。而对于非自愿救助人而言，即使其不愿意施救，也必须采取救助行为，否则事后需要承担相应的法律责任；如果其进行了施救，那么其也不得就其施救行为主张报酬。

非自愿救助包括合同约定救助和法律规定救助两大类。

合同约定救助包括以下几种情况：

（1）船员雇佣合同约定救助

这是指船员对于船舶的航行负有注意及维持安全的义务。在船舶遇难时，依照船员雇佣合同的规定，其对于该船舶具有救助义务，故其不得主张救助报酬。

（2）引航员救助

引航员本身具有安全引领船舶进出港的义务，故当船舶由于引航员的领航而安全入港时引航员不得主张海难救助报酬。

（3）拖船救助

拖船在进行海上拖航作业时对于被拖船安全负有一定程度的责任，故一般拖船在合同范围内的救助均属于非自愿救助。

（4）旅客救助

旅客与船方所签订的合同是海上旅客运输合同，其中要求旅客在航行中应当服从船长的命令，但是该种义务仅限于维持船上秩序的范围，旅客对于船舶本身以及船上财产并不具有救助的义务。但是旅客在航行过程中与船舶联系紧密，对于船舶的救助相当于自救，故一般而言不能认定为自愿救助而请求救助报酬。

法律规定救助一般包括公务人员救助和人命救助两类。公务人员一般指海军、海上防卫队、港区消防员等，他们对于船舶、财产和人员的救助属于法律规定的救助，故一般不能主张救助报酬。对于人命的救助，主流观点认为不得请求救助报酬，一方面考虑到生命救助是道德行为，如果允许其主张海难救助报酬，则可能出现道德风险，如救助方坐地起价的情形；另一方面生命无价，无法通过财产价值来衡量，而允许救助方主张报酬相当于将生命作为可标价物，不符合一般的价值观念。

2. 例外情形

例外情形下，救助方与遇险船舶之间存在合同关系也可以主张救助报酬，这一般发生在超过合同约定范围进行救助的情况时，包括以下几种情形：

第一，船员超过雇佣范围救助或者船员雇佣合同终止后进行救助。

我国海商法第 186 条规定，只要船员提供了不属于合同义务的特殊劳务，仍然可以要求支付救助报酬。另外，在弃船时一般认为船员雇佣合同已经解除。故当弃船后船员又对船舶进行救助的，应当认定其有权主张海难救助报酬。但是该弃船必须是船长所决定的、终局性的弃船，不合理的弃船不能认定船员雇佣合同终止。

第二，引航员在超出引航义务范围对船舶进行救助时，可以认定为具有自愿性，从而可以主张海难救助报酬。

第三，拖船在超出合同约定的拖航义务范围对遇险船舶进行救助时，可以认定为自愿救助，拖方可以海难救助为由主张海难救助报酬。

第四，姐妹船间救助。

姐妹船间救助是对属于同一船舶所有人的船舶之间进行救助的简称。主流观点认为，船员一般只对本船安全负有义务，对于他船，即使是属于同一所有人，也不具有救助的责任，故船员的救助行为因为超过了船员雇佣合同的范围而属于自愿海难救助的范畴，可以请求海难救助报酬。此外，姐妹船上所承载货物一般也属于不同货主，获救船舶及货物最后分担的救助报酬实际上是各自保险人所承担，故姐妹船之间的救助应当属于自愿的海难救助。

第五，当旅客在被送往他船可逃至岸上脱离险境之后，又对遇险船舶进行救助的，应当认定为自愿救助。

此外，如果旅客在海难救助的过程中作用巨大超过了一般旅客自救范围的，也可以认定为自愿救助而向船方主张救助报酬。

（二）被救助方主观要件

被救助方的主观要件主要指的是其自愿接受救助的权利。该问题主要体现在当遇险船舶发出求救信号，有一个以上船舶赶到事故现场进行救援，被救助方有权自愿选择救助方。

我国海商法第 186 条规定了被救助人的拒绝救助权。该权利表现为，如果救助方无视遇险船舶的船长、所有人或是其他财产所有人明确的拒绝而进行救助的，其无权向被救助方主张海难救助报酬。被救助人的拒绝权可以在救助作业开始前行使，也可以在开始后行使。但是该项禁止救助权利如果不加限制，可能会出现在救助达到可自救程度时被救助方拒绝救助的情况，导致正常行为的救助方在实施救助后得不到应得的报酬，合法权益被损害。故被救助方对于该项权利的行使必须合理。此外，如果被救助人没有明确表明拒绝救助，则视为其已经默示同意与救助方之间的海难救助合同。即使双方没有实际签署，救助方也可以向被救助方主张海难救助报酬，因为该种救助属于纯救助的形式。

四、救助效果

一般而言，海难救助必须要有效果。无救助合同的纯救助只有在有效果时才能在救助方与被救助方之间形成真正债权债务关系；有救助合同的救助在有救助效果之前只涉及合同履行的问题，只有在有救助效果之后才能主张救助报酬。与之相反，如果救助方尽管付出了人力、物力和金钱，但是没有取得救助效果，那么其仍不得向被救助方主张海难救助报酬。

救助是否有效果需要进行实质判断，一般而言，只要船舶或者其他财产已经相对安全，即可认为海难救助有效果。即使之后由于其他海难该救助标的最终灭失，也不影响前述海难救助关系的成立。我国海商法第 179 条规定："救助方对遇险的船舶和其他财产的救助，取得效果的，有权获得救助报酬；救助未取得效果的，除本法第一百八十二条或者其他法律另有规定或者合同另有约定外，无权获得救助款项。"这也是"无效果，无报酬"原则的体现。

海难救助要求救助效果与救助行为之间必须存在因果关系，这种因果关系可以是直接的，也可以是间接的。例如，如果第一个救助行为直接或间接地导致后来的救助成功，那么仍然可以认为第一个救助具有救助效果，其可以向被救助方请求救助报酬。但是，如果前救助人在实施救助之后无效果且放弃了救助，而被救助方又由于其后的救助而取得效果，那么前救助人不得主张救助报酬。这样的规定是考虑到前救助方救助无效果且放弃救助时，被救助方已经重新陷入了危险境地，该种危险境地切断了前救助人的救助行为与最终救助效果之间的因果关系。

满足前述四方面条件后，救助方一般就享有了海难救助报酬请求权。但是也存在例外。如我国海商法第 187 条规定，由于救助方的过失致使救助作业成为必需或者更加困难的，或者救助方有欺诈或者其他不诚实行为的，应当取消或者减少向救助方支付的救助款项。

【风险提示】

海难救助中，被救助方享有拒绝救助权。如果救助方无视被救助方的明示拒绝而救助，则无权主张海难救助报酬。

【法条指引】

中华人民共和国海商法（节录）

第一百七十一条　本章规定适用于在海上或者与海相通的可航水域，对遇险的船舶和其他财产进行的救助。

第一百七十二条　本章下列用语的含义：

（一）“船舶”，是指本法第三条所称的船舶和与其发生救助关系的任何其他非用于军事的或者政府公务的船艇。

（二）“财产”，是指非永久地和非有意地依附于岸线的任何财产，包括有风险的运费。

（三）“救助款项”，是指依照本章规定，被救助方应当向救助方支付的任何救助报酬、酬金或者补偿。

第三节　海难救助合同

【规则要点】

海难救助合同包括两种。雇佣救助合同指救助人与被救助人约定由救助人对遇险的船舶或其他财产进行救助，由被救助人依据救助人所付出的人力及物力等支付一定救助费用的协议。“无效果，无报酬”主要是由救助人和被救助人的代理人之间签订的救助合同，是一种不要式的诺成合同。

【理解与适用】

海难救助中，纯救助不需要签订海难救助合同，而合同救助则需要。海难救助合同主要可分为雇佣救助合同和“无效果，无报酬”救助合同两种。

一、雇佣救助合同

雇佣救助合同指救助人与被救助人约定由救助人对遇险的船舶或其他财产进行救助，由被救助人依据救助人所付出的人力及物力等支付一定救助费用的协议。该种救助方式下，不论救助人的救助是否成功，被救助人都需按照合同约定支付救助费用。采用雇佣救助合同时，救助方的风险小于“无效果，无报酬”的海难救助，所以其报酬也相应地低于后者。雇佣救助中，救助作业的指挥权一般都在被救助一方。适用雇佣救助合同的海难救助一般适用于事故发生地距离港口较近的情况下，此时需要的救助一般只是拖带服务，且救助成功的可能性比较高。严格来说，雇佣救助并不属于海商法概念下的海难救助，雇佣救助合同的标的实质上只是一般的劳务，救助费用的依据是救助方所付出的人力、物力及时间。所以，雇佣救助合同不是讨论的重点。

二、“无效果，无报酬”救助合同

（一）合同的订立

我国海商法第 175 条规定，救助方与被救助方就海难救助达成协议，救助合同成立。但是其中并未要求海难救助合同应当采用何种形式订立。海难救助合同实质上属于一种不要式的诺成合同。不要式，指法律并未对合同形式进行具体要求；诺成，则是指当事人意思表示一致即可成立合同。实践中，海难救助大多采用的是《1990 年劳氏标准救助合同》格式，中国国际贸易促进委员会也制定了北京救助合同标准格式，但是与劳氏救助合同无本质区别。

“无效果，无报酬”主要是由救助人和被救助人的代理人之间签订的救助合同。被救助人一方的代理人一般是遇险船舶的船长，他所代表的是被救助船舶所有人以及船上所有货物的货主；救助人一方则是救助船的船长，他所代表的是救助船的船舶所有人。这一点规定在我国海商法第175条第2款中，遇险船舶的船长有权代表船舶所有人订立救助合同。遇险船舶的船长或者船舶所有人有权代表船上财产所有人订立救助合同。

在“无效果，无报酬”救助合同订立时，海难救助双方有关救助报酬的债权债务关系并未真正形成，该关系实质形成于海难救助取得效果之后。这实际上体现出该合同具有一定的射幸合同的性质，即被救助方是否支付救助报酬取决于海难救助效果的出现。

（二）1994年“中国海事仲裁会救助合同标准格式”

海难救助发生时形势一般比较紧急，为了减少海难救助双方协商合同主要条款的时间，促进海难救助的成功，各国航运组织均制定了救助合同格式，目前适用最广的是英国的劳氏救助合同格式。中国国际贸易促进委员会也制定了北京救助合同格式，该格式在1959年1月22日通过，共有10条，采用“无效果，无报酬”原则，对海难救助双方的权利义务关系进行了规定。但由于其内容模糊，且偏袒救助人一方利益，现已不再适用。

为了规避之前北京救助合同格式存在的问题，中国国际贸易促进委员会参照LOF90的精神，对原“中国国际贸易促进委员会救助合同标准格式”进行了修改，制定出了1994年“中国海事仲裁委员会救助合同标准格式”，代号为CM-CA1994。1994标准合同格式共17条，经过双方的协商一致，一经签署，则合同具有约束双方当事人的效力。该合同格式与劳氏救助合同内容基本一致，内容主要包括如下8项：

1. 采用“无效果，无报酬”原则

对于海难救助一律采用“无效果，无报酬”原则。在海难救助有效果时，如果双方有约定的，支付约定金额的救助报酬；如果双方并未对具体金额进行约定，则由海事仲裁委员会来确定。

2. 特别补偿条款

1994标准合同格式吸收了《1989年国际救助公约》的相关内容，在相关条文中明确规定，在救助作业过程中，救助方和被救助方、船长均有义务以应有的谨慎防止或减少环境污染损害。确定救助报酬，应体现出对救助作业的鼓励并综合考虑10项因素。救助报酬不得超过船舶和其他财产的获救价值。特别补偿条款属于“无效果，无报酬”原则的例外。救助报酬具体金额由获救船舶和其他获救财产的所有人，按照船舶和其他财产各自的获救价值占全部获救价值的比例来承担。

3. 船长代表权

1994 标准合同格式规定船长有权代表船舶所有人、货主和运费所有人签订救助合同，船舶、货物及运费所有人应当承担本合同规定的相关责任。

4. 担保

1994 标准格式合同第 10 条规定，为了保全救助方应得的救助报酬，在救助作业结束后，被救助方应根据救助方的要求，在 14 个银行工作日内（法定节假日除外）提供满意的担保。船舶所有人及其雇佣人、代理人应在获救的货物交还前，尽力使货物所有人对其应承担的救助报酬提供满意的担保。在按照要求提供担保以前，未经救助方的书面同意，被救助方不得将获救船舶和其他财产从救助作业完成后最初抵达的港口或地点移走。如果救助方有理由认为被救助方将要违反或企图违反合同规定将获救船舶和其他财产转移，则有权申请采取财产保全措施。这里的担保金额，应当包括利息以及进行仲裁可能发生的合理费用。

5. 人命救助

依据 1994 标准合同格式第 6 条的规定，在救助作业中，救助人命的救助方不能对获救人员请求酬金，但是其有权从救助的船舶或者其他财产中，以及防止或减少环境污染损害的救助方获得的救助款项中获得合理的份额。

6. 安全地点

依据 1994 标准合同格式第 1 条的规定，救助方应当以应有的谨慎救助相应的船舶或其他财产并将其送到合同中约定或者之后商定的地点。如果没有约定或者商定地点，可以送往任一安全地点。当获救的船舶或其他财产已经被送到相关地点时，被救助方应当及时接受救助方提出的合理的移交请求。如果被救助方没有及时接受，那么其应当对非属救助方过失造成的后果负责。

7. 仲裁

关于仲裁的内容规定在 1994 标准合同格式第 15 条中，救助方和被救助方之间以及签订本合同的各救助方及/或各被救助方相互间根据本合同所发生的或与本合同有关的一切争议，均应提交中国海事仲裁委员会（以下简称仲裁委员会）仲裁解决。仲裁委员会依照该会仲裁规则规定的程序进行仲裁。依据仲裁委员会仲裁规则组成的仲裁庭，有权根据救助方的请求，在合理条件下，作出中间裁决或部分裁决，要求被救助方向救助方先行支付适当的金额。被救助方根据仲裁庭上述裁决先行支付的金额，其提供的担保金额应作相应扣减。仲裁委员会的裁决是终局的，对所有当事人均有约束力。

8. 法律适用

除非海难救助合同中另有约定，1994 标准格式合同本身或依据该合同进行的仲裁应当适用中华人民共和国法律。

【相关案例】

原告湛江海事局与被告莱尔海外公司及广西先林进出口有限公司海难救助合同纠纷案

“宾丹之星”轮所有人为莱尔海外公司（以下简称莱尔公司）。“宾丹之星”轮在预备抛锚掉头过程中，由于操作不慎搁浅。搁浅后，该轮立即向交管中心、代理以及公司相关人员报告，要求紧急救助。在交管中心的统一指挥下，引水站站长亲自率领 3 艘大马力拖轮前往事故地点积极救助。救助过程中，船长出具确认函，确认相关救助费用事宜。被告认为，原告仅是在履行职务行为，主体不适格，不构成海难救助合同关系。

法院认为，莱尔公司提交的事故报告及其出具的确认函表明，“宾丹之星”轮发生搁浅事故后，其立即向原告的交管中心报告，要求紧急救助，构成要约行为。原告随后组织和指挥其自有的及湛江港船舶分公司、湛江引航站、中海湛江分公司的船舶和技术人员对“宾丹之星”轮及船载货物进行紧急救助，构成承诺，因此，双方当事人就救助事项意思表示真实一致，依照海商法第 175 条的规定，并经两被告于庭后提交的情况说明确认，莱尔公司代表两被告共同处理船舶救助及后续事宜，原告与两被告之间的救助合同关系成立。

【法条指引】

中华人民共和国海商法（节录）

第一百七十五条 救助方与被救助方就海难救助达成协议，救助合同成立。

遇险船舶的船长有权代表船舶所有人订立救助合同。遇险船舶的船长或者船舶所有人有权代表船上财产所有人订立救助合同。

第一百七十七条 在救助作业过程中，救助方对被救助方负有下列义务：

（一）以应有的谨慎进行救助；

（二）以应有的谨慎防止或者减少环境污染损害；

（三）在合理需要的情况下，寻求其他救助方援助；

（四）当被救助方合理地要求其他救助方参与救助作业时，接受此种要求，但是要求不合理的，原救助方的救助报酬金额不受影响。

第一百七十八条 在救助作业过程中，被救助方对救助方负有下列义务：

（一）与救助方通力合作；

（二）以应有的谨慎防止或者减少环境污染损害；

（三）当获救的船舶或者其他财产已经被送至安全地点时，及时接受救助方提出的合理的移交要求。

第四节 海难救助报酬

【规则要点】

海难救助报酬依据救助类型确定。雇佣救助情况下，依合同约定支付相关报酬；“无效果，无报酬”类型的海难救助，则仅在具有救助效果的情况下可主张海难报酬。

【理解与适用】

海难救助中，救助报酬的取得取决于该海难救助的类型。如果是雇佣救助，则无论救助是否成功，被救助人都应当依救助合同支付约定的救助报酬。本节讨论的仍然是“无效果，无报酬”类型的海难救助。一般而言，符合“无效果，无报酬”救助方式的构成要件，且取得相应的救助效果，即可主张海难救助报酬。

一、救助报酬请求权当事人

救助报酬请求权的当事人，是指救助报酬的债权人和债务人。债权人指的是实施海难救助的人，债务人指的是被救助船舶的所有人、货物所有人、运费所有人以及其他海上获救财产的所有人。

二、救助报酬原则

依据现行国际公约及各国海商法的相关规定，救助报酬确定原则包括以下两项：

1. 救助报酬金额不得超过获救财产的价值

我国海商法第 180 条和第 181 条规定，救助报酬不得超过船舶和其他财产的获救价值。获救价值是指获救的船舶、船上货物和其他财产在当时当地的估价，或者出卖所得的金额。但是这其中应当扣除与有关税款和海关、检验检疫费用以及相关卸载、保管、估价等行为产生的费用。在现今实践中，救助报酬一般很难超过获救船价的五分之一。

2. 救助方有过失，报酬将予以减免，直至承担赔偿责任

我国海商法第 187 条规定，由于救助方的过失致使救助作业成为必需或者更加困难的，或者救助方有欺诈或者其他不诚实行为的，应当取消或者减少向救助方支付的救助款项。在救助方存在过失，造成被救助方更大损失时，被救助方可以以侵权为诉由起诉救助方并要求赔偿。在赔偿时救助方可以享受责任限制，当救助方不在救助船上进行救助时，其责任限制按照船舶总吨位 1500 吨计算。这一点规定在我国海商法第 210 条中。

三、救助报酬金额确定

救助报酬一般都以金钱支付，其数额应当由救助方和被救助方协议确

定。在协议不成时，可以提请仲裁或者法院裁决或判决。法庭或仲裁庭在确定救助报酬时，应当根据我国海商法第 180 条的规定来确定数额的高低。如果救助报酬金额是在实施救助作业之前约定的，由于情况一般比较紧急，难免会出现不公平或者对客观形势估计不足的情况。为了保护当事人双方尤其是被救助方的合法权益，我国海商法第 176 条规定："有下列情形之一，经一方当事人起诉或者双方当事人协议仲裁的，受理争议的法院或者仲裁机构可以判决或者裁决变更救助合同：（一）合同在不正当的或者危险情况的影响下订立，合同条款显失公平的；（二）根据合同支付的救助款项明显过高或者过低于实际提供的救助服务的。"各国海商法和国际公约都有类似规定。

在法院或者仲裁庭对于救助报酬金额进行确定时，其考虑的因素不尽相同。我国海商法规定的考虑因素与《1989 年国际救助公约》规定基本一致，其第 180 条中规定确定救助报酬金额时应当在鼓励救助作业的基础上充分考虑下列因素：

（1）相关财产获救价值；

（2）救助方在防止或者减少环境污染损害方面的技能和努力；

（3）救助方的救助效果；

（4）危险的性质和程度；

（5）救助方在救助船舶、其他财产和人命方面的技能和努力；

（6）救助方所用的时间、支出的费用和遭受的损失；

（7）救助方或者救助设备所冒的责任风险和其他风险（这里的责任风险如油污责任等，救助人所面临的风险责任越大，财产获救的价值可能越小，此时应当考虑到该项因素，从而鼓励救助人对风险大的遇难财产进行救助，也可以平衡救助人的利益）；

（8）救助方提供服务的及时性；

（9）用于救助作业的船舶和其他设备的可用性和使用情况；

（10）救助设备的备用状况、效能和设备的价值。

（9）和（10）主要是针对专业救助人而言，专业救助人用于作业的船舶及设备的价值通常比一般救助人所有的要高，专业救助人随时处于可进行救助的状态之下，其救助成本更高，故其救助报酬也应当有所增加。

四、救助报酬分配

救助报酬的分配涉及该报酬在共同救助人之间的分配及救助船舶所有人、船长与船员之间的分配问题。共同救助是指多个救助人共同参与海难救助的情况。在这种情况下，如果合同中没有约定救助报酬，则每个救助人均可单独按照其应得比例向被救助人主张救助报酬。如果合同中已经有了相关约定，则可以依照合同的约定请求救助报酬。

救助报酬在船舶所有人、船长和船员之间的分配一般依照船旗国法，通常可以分为法律规定比例和法院审定比例两种情况。船舶所有人在实施救助时虽然不在现场，但是其提供了救助的船舶及设备，也为船长和船员参与救助提供了基础，因此，一般各国法律均允许船舶所有人参与救助报酬的分配，且比例较大。法律规定比例指的是法律已经明确规定了三者之间的分配比例，此时与法律规定不同的约定均因抵触法律而无效。法院审定比例是指在法律未进行规定的情况下，通过法院根据具体情况来确定三者之间的分配比例。法院审定比例与法律规定比例相比更注重个性，适用起来也更为灵活。

【法条指引】

中华人民共和国海商法（节录）

第一百七十九条 救助方对遇险的船舶和其他财产的救助，取得效果的，有权获得救助报酬；救助未取得效果的，除本法第一百八十二条或者其他法律另有规定或者合同另有约定外，无权获得救助款项。

第一百八十条 确定救助报酬，应当体现对救助作业的鼓励，并综合考虑下列各项因素：

（一）船舶和其他财产的获救的价值；

（二）救助方在防止或者减少环境污染损害方面的技能和努力；

（三）救助方的救助成效；

（四）危险的性质和程度；

（五）救助方在救助船舶、其他财产和人命方面的技能和努力；

（六）救助方所用的时间、支出的费用和遭受的损失；

（七）救助方或者救助设备所冒的责任风险和其他风险；

（八）救助方提供救助服务的及时性；

（九）用于救助作业的船舶和其他设备的可用性和使用情况；

（十）救助设备的备用状况、效能和设备的价值。

救助报酬不得超过船舶和其他财产的获救价值。

第九章

共同海损

第一节　海损与共同海损

【规则要点】

海损有广义与狭义之分。广义海损包括通常海损和非常海损。通常海损又称小海损。狭义海损则仅指非常海损，即包括全部损失、共同海损和单独海损。其中的共同海损，则是指在同一海上航程中，船舶、货物和其他财产遭遇共同危险，为了共同安全，有意地、合理地采取措施所直接造成的特殊牺牲、支付的特殊费用。

【理解与适用】

一、海损

界定共同海损的概念，首先需要明确何为海损。海损包括广义和狭义两种。广义海损指的是船舶在航行中产生的一切损害，即船舶或运送物，自装载或发航时起到归港或卸载时为止，所产生的一切损害以及一切特别费用均包含在内。广义海损依据其定义又可以分为通常海损和非常海损。

通常海损又称小海损，指航海中基于通常原因而产生的损害，如船舶折旧、停泊费等，这类海损应当由船方在其所得运费中支出。在船舶修缮期间，为保证安全而将货物卸载后存放至仓库再装上船的费用，由货物所有人负担。这种通常的海损事实上不属于真正的海损，一般直接列入正常开支中，也不产生分担的问题。

非常海损则是指在航海中基于非常原因而产生的损害，即因为不能预料的原因发生的损害，该种损害不能列入正常开支项下，其损害应该由船方和利害关系人共同分担。非常海损依照损害程度的不同，还可以进一步分为全部损失和部分损失。全部损失包括实际全损和推定全损，实际全损指物理上的全部灭失，推定全损则是经济价值上的灭失。部分损失又可以分为单独海损和共同海损。

狭义海损仅指非常海损，即包括全部损失、共同海损和单独海损。

二、共同海损

我国海商法第 193 条规定，共同海损，是指在同一海上航程中，船舶、货物和其他财产遭遇共同危险，为了共同安全，有意地合理地采取措施所直接造成的特殊牺牲、支付的特殊费用。无论在航程中或者在航程结束后发生的船舶或者货物因迟延所造成的损失，包括船期损失和行市损失以及其他间接损失，均不得列入共同海损。作为共同海损的完整概念，还应当包括我国海商法第 199 条第 1 款中“共同海损应当由受益方按照各自分摊价值的比例分摊”的规定。

综上所述，共同海损应当包括共同海损行为、共同海损牺牲与费用以及共同海损分摊三个方面的内容。

第二节　共同海损构成要件

【规则要点】

共同海损构成要件包括共同危险、现实危险、故意且合理处分、效果实现、损失特殊且直接五个部分，缺一不可。

【理解与适用】

依据定义，共同海损必须具有下述五个构成要件，也只有符合这些要件的部分损失才能由受益各方来分担。

一、共同危险

共同危险，是指危险必须关系到船舶和货物共同的安全。该种危险存在的前提是具有多数利益存在。如果船舶与货物均属于同一所有人，则即使发生危险且损失其中一部分而使另一部分保存，也不存在共同海损的分摊问题。此外，多数利益之间应当具有团体性。团体性是指在海上运输过程中，自装船时起至卸载时止，船货各方形成了一种危险共同体。当阻碍海上运输的事故发生时，该危险共同体的利益都会受到影响。故为了保护团体的利益而牺牲的损失需要由团体的各收益部分共同分担。

海上运输合同的共同利益团体由船舶、货物和运费三者共同构成。通常情况下，船舶如果发生危险，那么船上货物也会遇到风险，所以船舶的危险普遍被认为是共同的风险。此外，共同危险还要求船舶与货物同时存在，只有它们同时存在才能构成利益共同体。如果船舶与货物分离，共同关系即告中断。比如，船舶遇险后驶入避难港避难，将部分货物卸下后船舶失火，为了救火牺牲了船上部分货物，那么该损失就不得请求已经上岸的货物的所有人分担。但是即使船舶与货物同时存在，也不是绝对会产生共同海损。例如，船舶运输活牲畜，如果船舶为了牲畜的饲料而绕航，此时绕航的损失不得作为共同海损，因为牲畜只涉及其中某一货方的单独利益，故只能作为单独海损。

二、现实危险

现实危险，要求危险必须是现实存在而不能是主观臆想的。如果危险是臆测的，那么为了避免所谓“危险”而产生的损失不能作为共同海损，只能由责任方单独承担。

对于现实危险的认定，存在客观说和主观说两种观点。客观说认为应当通过客观标准来判断危险是否存在，如果客观上实际不存在危险而误认为有危险的存在，就不应当被认定为共同海损。这里的客观危险既可以是已经存在的，也可以是即将发生不可避免的船货共同危险。主观说则认为即使事后无客观危险存在，也不妨碍共同海损的成立。

三、故意且合理处分

处分，指共同海损所采取的措施。该措施必须是为了解除船舶和货物的共同危险而有意采取的。处分既可以是事实层面上的处分，也可以是法律层面上的处分。实践中事实层面的处分比较多，例如，抛弃货物、自愿搁浅等。法律层面上的处分指某种相应的法律行为，如签订救助合同等。

故意处分，指明知采取该处分措施可能会引起船舶或者货物的部分损失或者产生额外的费用，但是为了船舶或者货物的整体安全，仍然故意采取该措施。例如，船舶搁浅时船长决定抛弃部分货物使船舶起浮，这种损失应当认定为共同海损，由全体受益人按照受益比例分摊。如果是舱面货被海浪打入海中，则该损失作为意外损失不属于共同海损而应当由货物所有人单方承担。

一般而言，共同海损采取措施应当由船长来决定。船长为船方雇佣，在雇佣合同中和法律上都负有驾驶和管理船舶的责任。此外，依据海上货物运输合同，船长也负有安全运送货物并在运送途中管理货物的责任。因此船长有作出该决定的权力。

合理处分，指处分在进行了有限的牺牲后，有效地解除了船货的危险。有限的牺牲指牺牲措施应该是节约的和有效的。在抛弃货物时，应当首先抛弃价值低、重量大、便于抛弃的货物，如果在舱面上有价值较低的货物，就不得抛弃船舱中价值较高的货物。这种情况下，即使船长下令抛弃了船舱中的价值较高的货物，仍然应当以价值较低的货物价值为限列入共同海损的范围。超过的部分由实施了错误处分的船方来承担。

对于合理处分的判断，应当从“质量”和“数量”两个方面进行判断。在数量方面，应当判断救助的手段是否超过了必要的程度。在质量方面，应当判断该救助手段是否符合行为目的。此外，对合理处分的判断标准也包括主观和客观两个方面。立法一般采用主观主义，但是该主观并不是当事人随意认定，而是船长或者其他共同海损行为人依照当时的情境和形势作出一般人认为的合理的判断。从这个角度而言，合理处分是一种相对的概念，船长通过对当时的客观条件进行判断后选择了当时情况下认为最为有效合理的措施，那么，即使在实施过程中未能达成目标效果，该措施也应当被认定为合理措施。

四、效果实现

效果实现，指采取的处分措施最终应当实现保证船舶及货物安全的效果。如果没有实现，那么也就不存在共同海损的分担问题。在处分措施和效果实现的因果关系上，存在两种观点。

第一种称为因果主义，认为必须是因为船长的处分决定而实现保证安全规避风险的效果，才能列入共同海损。如果是由于其他原因实现了船舶及货物安全的效果，则不能认定为共同海损。第二种称为残存主义，指只要在采取处分措施后实现了保证船货安全的效果即可，不必考虑该效果的实现与处分措施之间是否存在因果关系。即使处分措施并未真正实现目的效果，也可以认定为共同海损。

就这两种观点而言，残存主义可以使船长在作出决定时更加果断，不会瞻前顾后甚至错过时机。同时，残存主义较之因果主义更为公平，因为在面临危险时处分措施通常不是单个行为而是一系列行为，这些行为未必全部有效，其中部分行为的结果也可能构成其他行为实现效果的基础。要对这些行为进行区分，仅将某个实现最终效果的处分行为导致的损失认定为共同海损，对于各利益方是不公平的。依据残存主义，只要是经过慎重考虑采取的处分就认为是合理的，并且只要最终实现了船货安全的结果，就应当认定该处分是有效的，其所造成的损失就应当列入共同海损。

五、损失特殊且直接

损失特殊，指该种损失是为了解除海上危险而人为造成的损失和额外支出的费用。如果是由于船方或船长的过失造成的意料之中的损失，则不属于特殊的损失，这种损失应当由有过失的船方来承担而不进行共同海损的分担。

直接损失，指造成的损失必须是为解除危险采取的处分措施的直接后果。

【风险提示】

共同海损的发生前提是船货共同风险，即多种利益形成利益共同体且该共同体的安全陷入风险。如果船舶和船上财产属于同一所有人，则其损失属于单独海损。

【法条指引】

中华人民共和国海商法（节录）

第一百九十三条 共同海损，是指在同一海上航程中，船舶、货物和其他财产遭遇共同危险，为了共同安全，有意地合理地采取措施所直接造成的特殊牺牲、支付的特殊费用。

无论在航程中或者在航程结束后发生的船舶或者货物因迟延所造成的损失，包括船期损失和行市损失以及其他间接损失，均不得列入共同海损。

第三节 共同海损相关费用

【规则要点】

共同海损的牺牲是由于共同海损措施而直接造成的船舶或者货物或其他财产在形态上的灭失或者损坏，包括船舶牺牲、货物牺牲和运费牺牲三方面。共同海损的费用是为了解除船舶和货物的共同危险而采取的措施所需要的额外费用，包括救助费用、避难港费用、代替费用和杂项费用四项。

【理解与适用】

共同海损的表现形式分为两类：牺牲和费用。共同海损的牺牲，指由于共同海损措施而直接造成的船舶或者货物或其他财产在形态上的灭失或者损坏。共同海损的费用，指为了解除船舶和货物的共同危险而采取的措施所需要的额外费用。二者区别在于共同海损的牺牲是因为采取共同海损措施而导致的船舶或者货物本身的灭失或者损坏，而共同海损的费用与船舶或者货物本身无关，是为解除而另外支付的费用。

一、共同海损的牺牲

共同海损的牺牲在我国海商法中并未具体规定。依据国际贸易惯例《2004 年约克-安特卫普规则》的规定，共同海损的损失包括船舶牺牲、货物牺牲和运费牺牲三个方面。

（一）船舶牺牲

船舶牺牲，是指由于采取了共同海损措施而给船舶或者船用物料造成的损失。包括有意搁浅、起浮脱浅、切除残损物、充当燃料等情形。

1. 有意搁浅

有意搁浅又称为自动搁浅，指船长为了避免船舶触礁、沉没或者为了扑灭船上火灾，而主动将船舶驶往浅滩或者将其凿沉在潜水地带。根据《2004 年约克-安特卫普规则》规则 5 的规定，船舶不论是否势必搁浅，如果是为了共同安全而有意搁浅，则因此造成的共同航程中的财产损失应当认定为共同海损。

2. 起浮脱浅

起浮脱浅，是指为了使已经搁浅的船舶起浮而有意地使机器和锅炉超负荷或者非正常运行，致使机器和锅炉遭受损坏。根据《2004 年约克-安特卫普规则》规则 7 的规定，该项措施必须合理。但是，排除船舶在漂浮状态下因为使用推进器或者锅炉而遭受的损害。因为船舶在漂浮状态下，对于机器和锅炉而言并未造成特殊的危险。这种情况下的损害只能作为单独海损来处理。通常情况下为了起浮搁浅船舶，船方故意且合理地使用机器、锅炉过程中额外消耗的燃料和物料也可以被列为共同海损。但是，搁浅期间使用辅机提供照明用电、暖气和电源所正常消耗的燃油和物料不在该范围之内。

除此之外，共同海损还包括了机器过度震动引起的船体的损坏、钢板产生的裂缝以及因此而渗水造成的货物损失，还有强行脱浅可能对船底造成的损失。但是要求赔偿的一方必须承担举证责任，证明该损坏完全是由于设法起浮船舶的措施造成。通常水线以下的船壳损坏，除了有意搁浅之外，法律上都推定为意外事故所致。故只有通过证据推翻这一推定结论，才能将该损失纳入共同海损的范围。

3. 切除残损物

残损物是指因为自然灾害或者意外事故而被损坏或者已经被拆除或者实际上已经被毁灭的残留物体。根据《2004年约克-安特卫普规则》规则4的规定，因为切除由于意外事故原已折断或者实际上已经毁损的船舶残留部分所遭受的损失，不得列为共同海损受到的补偿。例如，为了船货共同安全而切除已经折断的桅杆的残体的损失，不得计入共同海损。但是，因为切除残损物所造成的货物损失或船舶的进一步破损，以及切除残损物引起的费用是共同海损。比如，因为切除辅助艇被折断的桅杆而使船舶螺旋桨遭受损坏，螺旋桨的损坏就属于共同海损。

4. 充当燃料

船舶在遭遇恶劣天气时，船速减低、仪器损坏、船舶迷失方向致使燃油耗尽，为了能够继续航行，将船上物料当作燃料引起的损失，应认定为共同海损。但是，承运人必须提供证据证明，即使船舶事先携带了足够的燃料，也必然需要将部分材料或者物料充作燃料，在这种情况下，该部分材料或者物料损失可以由船货双方分担。无论是何种情况，承运人都必须承担在通常情况下足以完成原定航程的燃料费用。因此，船用材料与物料费用受到补偿时，应当扣除为了完成原定航程而本应该消耗的燃料的估计费用，二者之间的差额才是承运人的额外损失。

（二）货物牺牲

货物牺牲，是指由于采取共同海损措施所引起船上所载货物的灭失和损害，通常表现为抛弃货物、扑灭火灾和避难港内损失三类。

1. 抛弃货物

共同海损措施的最初表现形式就是抛弃货物，此种情况虽然在现代海运中不再常见，但是仍然有保留的必要。例如，当船舶发生触礁、搁浅等情况时，船长为了使船货免遭沉没危险，或为了使其重新起浮而将部分货物抛弃，则被抛弃的货物的货主可以向船方和其他货方请求分摊共同海损。抛弃货物的损失，包括被抛弃货物本身的损失、为抛弃货物而进行前期准备造成的损失以及因为抛弃货物而引起的财产的进一步损失。

可以列为共同海损的被抛弃的货物是指依照习惯、法律规定或者合同允许装载甲板上的货物，这些货物一般为具有危险性质的物质或体积笨重无法装载舱内的货物，如木材、大型钢材、飞机拖车、火车头等。依据《2004 年约克-安特卫普规则》规则 1 的规定，不符合航运惯例被抛弃的货物不能作为特殊牺牲请求分摊。放置在甲板上的货物，如果既不是海上惯例允许的，也未经过托运人的同意，那么一旦发生了货物的抛弃，损失应当由船方承担；如果托运人同意将货物放在甲板上并且在提单上注明了货物的风险由托运人负责，那么一般该货物的损失由托运人自己负责。但是如果发生了货物抛弃，只要该项措施的采取是为了维护船舶和其他货物的共同安全，被抛弃货物仍然应当被纳入共同海损的范围，船方不得凭借托运人的同意和提单的注明要求免除自己分摊共同海损的义务。

此外还要注意的是，如果被抛弃的货物是已经被风浪或者其他原因损坏的货物或者燃料、物料，不得获得共同海损补偿，因为这些财产在抛弃时已经不再具有经济价值。

2. 扑灭火灾

火灾在海上货物运输的过程中非常常见，导致火灾的原因有很多，自然因素如雷击、货物自燃、电线老化短路，人为因素如船员或者装卸人员乱扔烟蒂、焊接火星溅射等。一般而言，发生火灾引起的船舶和货物的损失属于单独海损，由船舶或者被损货物的所有人自行承担损失。但是，为了扑灭火灾而采取诸如灌水、注入蒸汽、喷入灭火剂、凿洞、搁浅等措施导致的船舶和货物的进一步损失属于共同海损。

根据《2004 年约克-安特卫普规则》规则 3 的规定，排除不论何种原因造成的烟熏或者火烤造成的损坏。实践中，对于救火造成的烟熏损失不得作为共同海损。因为受热造成的损失，一般不作为共同海损。

3. 避难港内损失

船舶遭遇海上事故后，常常会在避难港采取紧急措施，此时货物在装卸搬运过程中遭受损失的机会往往大于原装卸港。因此，船舶在遭遇海难事故后，在避难港中为了检修船舶而进行的货物相关操作，如搬移、卸载、存储、重装和积载货物和燃料、物料的过程中，再次造成货物、燃料和物料的损坏或者灭失的，只要前一过程中的损害属于共同海损，那么在避难港中各行为造成的损失也属于共同海损的范围。这一点也规定在《2004 年约克-安特卫普规则》的规则 12 当中：只有当搬移、卸载、储存、重装和积载货物、燃料或物料的费用可认作共同海损时，由于各该措施的后果而使货物、燃料或物料所遭受的损失才应作为共同海损受到补偿。

（三）运费牺牲

如果货物的灭失或者损坏是由于共同海损行为造成的，或者已经作为共同海损得到了补偿，那么由于货物的灭失或者损坏而引起的运费损失，也应当作为共同海损受到补偿。损失的运费总额应当扣除所有人为了取得该项运费本来应当支付但是由于牺牲而无需支付的费用。该项内容规定在《2004 年约克-安特卫普规则》的规则 15 中。

在到付运费的情况下，只有船舶安全到达了目的港，承运方才有可能获得事先约定的运费。如果货物在航行过程中受到损坏或者灭失，那么承运方就难以获得运费从而遭受损失。此时，为了保护承运方的利益，如果该项货物损失本身被列入了共同海损的范围，那么其运费也应当列入共同海损的内容之中。但是，在计算的时候需要将承运人应当付出的成本从中扣除。

在预付运费的情况下，如果船货双方约定了无论货物灭失与否运费均不退还，那么承运方运费的收入不会受到货物损坏或灭失的影响，运费就不应当被列入共同海损的范围之中。

二、共同海损的费用

共同海损的费用规定在我国海商法第 194 条中，船舶因发生意外、牺牲或者其他特殊情况而损坏时，为了安全完成本航程，驶入避难港口、避难地点或者驶回装货港口、装货地点进行必要的修理，在该港口或者地点额外停留期间所支付的港口费，船员工资、给养，船舶所消耗的燃料、物料，为修理而卸载、储存、重装或者搬移船上货物、燃料、物料以及其他财产所造成的损失、支付的费用，应当列入共同海损。这一条同样规定在《1994 年约克-安特卫普规则》的首要规则之中。由以上条文可知，共同海损的费用包括救助费用、避难港费用、代替费用和杂项费用四项。

（一）救助费用

救助费用，指与遇险船舶或者船上货物无关的第三方根据合同约定或者法律规定救助遇险船舶、货物或其他财产后向遇险船舶方主张的费用，又称为救助报酬。救助费用不一定包含共同海损的范围，因为如果救助方仅仅救助了船舶或者其他财产其中一方，那么该损失应当由被救助方自己承担，与共同海损无关。只有当救助方的救助行为同时涉及了船舶和其他财产，此时救助报酬才能纳入共同海损的范围。《1994 年约克-安特卫普规则》规则 6 规定了能够作为共同海损的救助费用需要满足的条件，共有三项内容。

1. 必须是为了船货各方（包括多个货方的情况）的共同利益而支付；

2. 不论救助是否依照合同进行，都应当认定为共同海损；

3. 仅限于使在同一航程中的财产脱离危险而进行的救助。

除此之外，在认定防止或者减轻对环境损害案件的救助费用是否属于共同海损时，既应当考虑为了救助遇险船舶、货物和其他财产使其脱离危险的正常救助费用，同时也应当考虑为了防止或者减轻对环境的损害而支付的费用，即特别补偿条款的问题。

但是在《2004 年约克-安特卫普规则》的规则 6 中，大部分救助费用都被排除在共同海损之外。该条规定：救助款项，包括所生利息和相关的法律费用，应当由付款方自行承担而不得认定为共同海损，除非与救助有关的一方已经支付应当由另一方承担的根据获救价值而不是按共同海损分摊价值计算的全部或者部分救助报酬（包括利息和法律费用）。在理算中，应当由另一方支付但是该方未付的救助报酬应当贷记付款方，借记由他方代其付款的一方。

我国海商法事实上并未具体规定有关救助费用与共同海损关系的问题，一般只要是救助费用可以满足第 193 条的要求，就可以认定为共同海损。

（二）避难港费用

船舶因为遭遇了意外事故、牺牲或者是其他的特殊情况，为了船货和其他财产的共同安全进入避难港或者驶回原装货港而发生的费用，应当被列入共同海损。避难港费用主要包括以下五项：

1. 驶往或驶离避难港口的费用

根据《1994 年约克-安特卫普规则》的规定，可以列入的驶出驶入避难港的费用必须是为了共同的安全而发生的，如果只是由于船舶或货物一方的需要，如船舶需要修理卸货吊杆、船上所载牲畜缺少饲料等情况，就不属于共同海损费用。

2. 额外的港口适用费

如果说船舶驶往避难港是为了共同安全的需要，那么船舶在避难港额外停留期间支付的费用都可以认定为共同海损，包括进出港引航费、拖轮费、解系缆费、港口税费、灯塔费、码头费或浮筒费、检验检疫费、汽艇费、代理费、装卸费等。

3. 船舶停航期间维持船舶的营运成本，包括船员的工资、船上给养、燃料和物料的支出

这种支出除了因为船舶驶往避难港或者驶回原装卸地点的过程中所支付的工资、给养、消耗燃料物料的费用，还包括在港口或者装货地点停留期间因为前述项目支出的费用。但是，如果是单纯由于进行修理而支付的费用，不得认定为共同海损。

4. 因安全所需造成货物、燃料或物料的重新装卸、移动、堆存所引起的开支及因此产生的损耗

首先，船舶在装货港、停靠港或者避难港在船上搬移或者卸下货物所产生的费用，只有为了船舶、货物或者其他财产的共同安全所必须，或者为了使船舶因牺牲或者意外事故遭受的损坏得到必要修理所必须的情况下，才能够认定为共同海损。其次，当货物、燃料或者物料的搬移或者卸载费用可以认定为共同海损时，该货物、燃料或者物料的储存费、包括合理支付的保险费重装费和积载费，都应当被认定为共同海损。

5. 与安全完成航程进行船舶修理有关的费用

船舶的修理包括两种，一种是永久性修理，即对于受损船舶按照正规修理的要求进行恢复船舶适航性的修理；另一种是临时性修理，指对受损船舶进行最低限度的、保持其在一定期限内适航的修理。永久性修理支付的修理费用可以列入共同海损之中，但是使用新材料或者新部件更换掉旧材料或者旧部件时要作合理的“以旧换新”的扣减。这里的“以旧换新”，指的是在修理中利用新材料替换了旧材料，超过了恢复原状的基本要求，船方从其中得到了额外利益，因此在进行共同海损理算的时候，要在实际支付的修理费用中进行适当的扣减。而临时修理不需要作“以旧换新”的扣减。

（三）代替费用

代替费用，是指为了代替可以列入共同海损的特殊费用而支付的额外

费用。该项费用本身不属于海损理算的范围，但是由于该项费用的支付可以节省或者避免作为共同海损项目的费用，给船舶和其他财产的所有人带来了与可列入共同海损费用相同的好处，因此将这项费用作为代替费用计入共同海损之中。但是，被列入共同海损的替代费用的数额不能超过被代替的共同海损的特殊费用。这一规定最早出现在《1974 年约克-安特卫普规则》之中，《1994 年约克-安特卫普规则》同样保留了这一规定。我国海商法第 195 条中也规定了代替费用。

实践中，代替费用包括以下六种：

1. 临时修理费用

关于船舶临时修理的问题，《1994 年约克-安特卫普规则》进行了单独的规定。其规则 14 规定，如果船舶为了共同安全或者对共同海损牺牲所造成的损坏在装货、停靠或者避难港进行临时修理，则此项修理费用应当被认定为共同海损。如果为了完成航程而对意外损坏进行临时修理，则无需考虑对于其他方有无节省，此项修理费用应当被认定为共同海损，但是其数额应当以因此节省的如不在该港进行临时修理本应支付并计入共同海损的费用为限。可以作为共同海损的临时修理费用，不应作“以旧换新”的扣减。

根据 1994 年的规则规定，如果船舶在避难港可以永久修理，但是为了节省费用，在避难港仅临时修理，则该项临时修理费用，亦因此所节省的如不在该地临时修理将产生的共同海损费用为限，计入共同海损，无需考虑对于其他方有无节省。《2004 年约克-安特卫普规则》规则 14（2）修订如下：如果为了完成航程而对意外损坏进行临时修理，则无需考虑对于其他方有无节省，此项修理费用应认作共同海损，但其数额应以因此所节省的如不在该港进行临时修理本应支付并计入共同海损的费用为限；但就本段而言，需要考虑的临时修理费用，应以在装货港、停靠港或避难港进行临时修理的费用与最终进行永久修理的费用之和，或如在理算时未进行修理，则与航程完成时船舶的合理贬值之和超过假如在装货港、停靠港或避难港进行永久修理所需费用的数额为限。根据该修订内容，如果临时修理费和最终修理费的实际数额少于在装货港、停靠港或者避难港进行永久修理的费用，临时修理费就无法计入共同海损。也就是说，临时修理费用要先减除船方所节省的永久修理费用之后，如果有余额才会计入共同海损。如果临时修理费用小于或者等于船方所节省的永久修理费用，那么该费用全部由船舶所有人单独承担，不计入共同海损的内容。与1994年的规定相比，2004年的规定将船方得到的单独好处分享给了相关各方。但事实上，该修订对于船舶所有人的经济实效不会有太大影响，因为如果临时修理能够减少永久性修理的费用，那么该项费用通常会直接由船舶的保险人承担，与船舶所有人并没有直接的关系。

2. 转船费用

该费用是指遇险船舶选择的避难港仓储货物费用高昂，而目的港距离避难港距离较近，则船方为了节省费用而选择将货物另行安排船只运送至目的港，此时该转船费用可以被列入共同海损，但是转船费用高于可能支付的仓储费用的除外。

3. 雇佣拖轮费用

如果遇险船舶首先选择的避难港修理费用高昂，其为了进入修理费更优的港口而雇佣拖船将其从一港拖入另一港，那么该雇佣拖轮费用可以计入共同海损。

4. 雇佣驳船费用

如果遇险船舶在避难港修理时将货物卸至岸上，相关费用可以计入共同海损。而船方如果为了节省相关费用，不将货物卸至岸上而是卸至雇佣的驳船上，那么雇佣驳船的费用就可以作为代替费用计入共同海损之中。

5. 修理船舶工人加班费

如果遇险船方在船舶修理过程中为了节省其他费用而要求船舶修理工人加班，那么该加班费可以作为代替费用计入共同海损之中。

6. 船舶带货入坞附加费

通常情况下，船舶进入干坞修理之前需要将货物卸下，保持空船状态进入。但是在例外情形下，船方为了能够节省装卸货物及仓储货物的费用，会与船舶修理人商定带货入坞。带货入坞会导致修理人风险增加，故相关费用如保险费等也会相应增加。此时带货入坞的附加费可以作为代替费用计入共同海损之中，但是该附加费超过了装卸货物及仓储货物等相关费用总和的除外。

【风险提示】

1. 在抛弃货物时，如果被抛弃的货物是已经被风浪或者其他原因损坏的货物或者燃料、物料，不再具有经济价值，则货主不得获得共同海损补偿。

2. 海上货物运输中火灾直接造成的船舶和货物损失是单独海损。

【法条指引】

中华人民共和国海商法（节录）

第一百九十四条 船舶因发生意外、牺牲或者其他特殊情况而损坏时，为了安全完成本航程，驶入避难港口、避难地点或者驶回装货港口、装货地点进行必要的修理，在该港口或者地点额外停留期间所支付的港口费，船员工资、给养，船舶所消耗的燃料、物料，为修理而卸载、储存、重装或者搬移船上货物、燃料、物料以及其他财产所造成的损失、支付的费用，应当列入共同海损。

第一百九十五条 为代替可以列为共同海损的特殊费用而支付的额外费用，可以作为代替费用列入共同海损；但是，列入共同海损的代替费用的金额，不得超过被代替的共同海损的特殊费用。

第四节 共同海损理算

【规则要点】

共同海损理算，是指由具有一定资格的专业机构或者人员按照理算规则对共同海损的费用和金额进行确定，对各受益方应当分摊的价值以及应当分摊的共同海损金额进行的审核和计算工作。共同海损理算，应当遵循共同海损理算基本程序。

【理解与适用】

共同海损理算工作不仅是分摊共同海损的需要，而且与海上保险业务有密切的联系，因此事实上，在单独海损的情况下有时也请求理算，从而确定损失的程度，为被保险人索赔和保险人理赔提供依据。

一、共同海损理算程序事项

（一）共同海损理算人

共同海损理算人，是指具有专业资格的从事海损理算业务的机构和个人，通常在提单或租船合同中指定或委托。海损理算工作具有较强的业务性和技术性，理算人既要精通相关法律，又要熟悉海运实务。海运发达国家一般都有专门的海损理算人，其名称各异，但是大部分都是用海损理算师协会的名义。

中国国际贸易促进委员会下设海损理算处，凡是在运输合同中规定共同海损在中国理算的均由中国国际贸易促进委员会海损理算处进行理算。

（二）共同海损理算时间、地点

根据《1974年约克-安特卫普规则》的规则G，共同海损损失和分摊的理算应当以航程终止的时间和地点的价值作为基础。我国海商法第274条规定，共同海损理算，适用理算地法律。一般而言，如果航程已经结束，那么共同海损理算地就是目的港的所在地；如果航程中断，那么共同海损理算地为航程中断地。

（三）共同海损理算基本程序

进行共同海损理算，通常先由申请人提出委托请求，然后由理算人进行调查研究，确定哪些项目属于共同海损，哪些项目属于单独海损。在这个基础上来确定共同海损损失金额，即核实清楚因为共同海损行为而作出的特殊牺牲和支付的额外费用的总额；接着计算共同海损的分摊价值，就是确定因采取共同海损措施而受益的财产价值的总额；然后确定各方应当分摊的金额和结算办法，最后编制共同海损理算书。

（四）共同海损理算书效力

共同海损理算书是由接受委托的海损理算人对共同海损案件进行审核计算之后编制的理算报告。理算书中一般包括如下内容：事故情况概述、共同海损损失和费用划算表、共同海损分摊表和共同海损收付结算表。除此之外，还附有与海损事故有关的证明文件，如海事声明书、海事报告、航海日志摘录、船舶检验证书等。理算机构本质上属于民间组织，所以它提供的理算书只是为受益各方分摊共同海损和进行结算提供一个科学的依据，实质上不具有法律拘束力，因此，如果当事人对该理算书有异议，可以直接诉讼或者提请仲裁。是否采纳共同海损理算书是法院自由裁量的范围。如果当事人没有异议，则必须执行。

二、共同海损理算规则

根据我国海商法规定，共同海损理算适用合同约定的理算规则；合同未约定的，适用海商法第十章的有关规定。

共同海损理算规则是由民间组织协商制定的实务性章程，其中规定的共同海损行为的成立条件、共同海损损失和费用范围以及分摊共同海损的标准已经成为国际惯例并为各国所接受。实践中，当事人最常选择的理算规则是《约克-安特卫普规则》，中国国际贸易促进委员会也制定了《北京理算规则》。

《约克-安特卫普规则》是民间规则，前后形成了 1890 年、1924 年、1950 年、1974 年、1974 年规则 1990 年修改本、1994 年修改本和 2004 年修改本共七个规则，各规则之间相互并存共同有效，当事人可以在合同中自由约定选择哪一年的规则。

《北京理算规则》是《中国国际贸易促进委员会共同海损理算暂行规则》的简称，该规则起草于 1972 年，1975 年施行，是中国国际商会海损理算处进行共同海损理算的依据。除前言之外，《北京理算规则》共有 8 条规定。前言中具体规定了制定该规则的宗旨和任务，8 条规定内容主要为：(1）共同海损的范围；（2）共同海损理算原则；（3）共同海损损失金额的计算；（4）共同海损的分摊、利息和手续；（5）共同海损担保；(6）共同海损期限；（7）共同海损理算简化。《北京理算规则》原则更加明确，程序也更加简化。《北京理算规则》与《约克-安普卫特规则》的原则不同，前者是先确定责任再进行理算，而后者则是先理算再具体区分责任。

事实上，《北京理算规则》的内容过于简单，对于理算中许多细节问题都没有规定。在海商法公布施行之后，中国国际贸易促进委员会参照《约克-安普卫特规则》1994 年的版本，将规则改成前言和 12 条规定。其内容较之之前版本内容更加具体更有针对性。新版本内容包括：共同海损定义；牺牲和费用条款；代替费用条款；不可分离条款；关于牺牲金额条款；分摊价值条款；利息和手续费条款；分摊担保条款；共同海损宣布条款；举证责任条款；共同海损与过失关系条款；共同海损理算的简化条款。

三、共同海损理算方法

（一）共同海损损失金额的确定

共同海损损失金额，是指因为共同海损措施所造成的财产损失和支付的共同海损费用的综合。共同海损损失应当是各方所补偿的对象，所以共同海损损失也可以称为共同海损补偿额。船舶、货物和运费的共同损失牺牲的金额，规定在我国海商法第 198 条之中。

1. 船舶损失金额

船舶损失金额，是指因为共同海损行为所造成的船舶、机器和船舶属具的损失金额。船舶受损后进行修理的，按实际支付的修理费，减除合理的以新换旧的扣除额计算。船舶受损尚未进行修理的，按照牺牲造成的合理贬值计算，但不得超过估计的修理费。船舶的贬值数额，指船舶因牺牲所造成的出售价值的减少，一般是船舶未经修理时的估计出售价值与船舶经过修复后估计出售价值的差额。船舶发生实际全损的或者修理费用超过修复后的价值的，共同海损牺牲金额按照该船在完好状态下的估计价值，减除不属于共同海损损失的估计修理费和该船受损后的价值余额计算。

2. 货物损失金额

货物损失金额，是指因为共同海损措施造成的货物本身的损失金额。货物损失金额按照货物在灭失或者损坏情况下共同海损损失金额来确定。依据我国海商法的规定，货物共同海损牺牲的金额，货物灭失的，按照货物在装船时的价值加保险费加运费，减除由于牺牲无需支付的运费计算。货物损坏，在就损坏程度达成协议前售出的，按照货物在装船时的价值加保险费加运费，与出售货物净得的差额计算。根据该条，中国货物损失金额是以货价加上保险费再加上运费为基础计算的，即 CIF 价。这与《1994

年约克-安特卫普规则》规则16的规定相同。依照规则16的规定，货物共同海损损失金额应以所受损失在卸货时的价值为基础。卸货价值即前述CIF价值，也即到岸价值。该项价值的确定依据是送交收货人的商业发票。如果没有商业发票，就以货物的装运价值为基础。

如果货物已经出售，而其损失额尚未另行议定，则共同海损的损失数额，应以货物出售前的完好净值减去出售净得数额和属于单独海损的损失数额来确定。

3. 运费损失金额

运费损失金额，是指由于货物的损失而给承运人带来的运费损失。运费损失从属于货物的损失，如果货物的损失是由于共同海损行为造成的，或者已经被列入共同海损而受到补偿，那么由于货物损失所引起的运费损失也应当作为共同海损受到补偿。但是，承运人为了获得运费，必然会付出相应的成本如装卸费、垫仓费等，运费共同海损损失金额应当扣除这些费用。我国海商法中规定，运费共同海损牺牲的金额，按照货物遭受牺牲造成的运费的损失金额，减除为取得这笔运费本应支付，但是由于牺牲无需支付的营运费用计算。

（二）共同海损分摊价值的计算

船舶、货物和运费的共同海损分摊价值，指的是船舶、货物和运费的所有人，因共同海损措施而分别受益的价值。我国海商法第199条第1款规定："共同海损应当由受益方按照各自的分摊价值的比例分摊。"船舶、货物、运费及其他财产的共同海损的分摊价值计算方法如下：

1. 船舶分摊价值

船舶分摊价值是指可以参加共同海损分摊的船舶的价值。海商法第199条规定，船舶共同海损分摊价值，按照船舶在航程终止时的完好价值，减除不属于共同海损的损失金额计算，或者按照船舶在航程终止时的实际价值，加上共同海损牺牲的金额计算。

依据该条规定，船舶分摊价值计算方法有两种：

（1）按照船舶在航程终止时的当地完好价值减去属于单独海损的损失金额；

（2）按照船舶在航程终止时的当地实际价值（残值）加上共同海损补偿额。

这两种计算方式的结果是相同的。如果在发生了共同海损之后，货物在中转港被以其他方式运转至目的港，那么船舶分摊价值应当以其在中转港卸货完毕时的实际净值作为基础来确定。《1994 年约克-安特卫普规则》规则 17 关于船舶分摊价值也规定为：共同海损的分摊，须以航程终止时财产的实际净值为基础。

2. 货物分摊价值

货物分摊价值，是指因为共同海损措施而获救的财产的价值，也就是可以参加共同海损分摊的货物的价值。我国海商法第 199 条规定，货物共同海损分摊价值，按照货物在装船时的价值加保险费加运费，减除不属于共同海损的损失金额和承运人承担风险的运费计算。货物在抵达目的港以前售出的，按照出售净得金额，加上共同海损牺牲的金额计算。在 1974 年、1994 年和 2004 年的《约克-安特卫普规则》中，货物分摊价值均以卸货时的价值为基础，扣减卸货前和卸货时的损失，再加上共同海损补偿额。参加共同海损分摊的货物价值必须是货物的到岸价值，而只有经过扣除卸货前和卸货时的损失之后的货物价值，才是真正的货物到岸价值。

3. 运费分摊价值

运费分摊价值，是指可以参加共同海损分摊的运费数额。运费的分摊价值，应当以航程终止时所应当收取的净运费加上作为共同海损而将要获得补偿的数额。净运费指的是扣除了各种成本之后净得的运费收入。对此，我国海商法第 199 条规定：运费分摊价值，按照承运人承担风险并于航程终止时有权收取的运费，减除为取得该项运费而在共同海损事故发生后，为完成本航程所支付的营运费用，加上共同海损牺牲的金额计算。《1994 年约克-安特卫普规则》规则 17 规定为：应以航程终止时所应收取的净运费为基础，即扣减假如船舶和货物在共同海损行为发生之日全部损失就无需为赚取该项运费而支付的不属于共同海损的费用和船员工资。

4. 可免除分摊义务的财产

(1) 旅客行李及私人物品

旅客在允许的限度内随身携带的行李和私人物品数量比较少，所以不被包括在共同海损理算规则所规定的财产范围之内，不需要参加分摊。如果旅客将行李和私人物品当作货物托运，那么不论其是否签发了提单，都应当认定为属于财产范畴，应当参加共同海损分摊。另外，实践中一般认为如果旅客请求船方承担赔偿责任或者要求船方分摊自己的损失，那么船方也有权要求旅客参加共同海损的分摊。

（2）随身携带的私人机动车辆

随身携带的机动车辆属于私人的交通工具，如果将其也包含进共同海损的范围进行分摊，会对旅客的行动造成障碍。且实践中私人机动车辆与船货价值相比过低，故1994年和2004年的《约克-安特卫普规则》均将其作为可免除分摊义务的财产。

（3）邮件

邮件一般认为应当属于分摊的范围，但是在实践中却很难实现，因为如果邮件所有人拒绝分摊共同海损，船方不能像对待普通货物一样直接将其留置，因为邮件作为个人隐私是不能被侵犯的。并且对邮件进行估价以及寻找邮件所有人等都十分困难。所以《约克-安特卫普规则》的7个文本中都将邮件作为可以免除分摊义务的财产。

（三）共同海损分摊金额的确定

共同海损分摊金额，是指因共同海损措施而受益的船舶、货物和运费，按照其各自分摊价值的大小，应承担的共同海损损失的具体数额。理算中一般分为两步：第一步，计算共同海损百分率。共同海损损失总额除以共同海损分摊价值的总额，乘以百分之百，即可得出。第二步，计算具体分摊金额。即以船舶、货物、运费的分摊价值，分别乘以每一项财产的共同海损百分率，得到的金额就是各方应当分摊的共同海损金额。

【风险提示】

共同海损理算书不具有法律拘束力，法院也不必然接受共同海损理算书。如果当事人对理算书有异议，应当提起诉讼或者提请仲裁。如果当事人没有异议，则必须执行。

【相关案例】

中国水产有限公司与舟山汉益远洋渔业有限公司共同海损纠纷案

原告中国水产有限公司起诉称：2012年7月11日、8月15日、8月

18日、9月7日，被告的渔船向“明洋”轮交付485.02公吨秘鲁鱿鱼，由“明洋”轮运往中国舟山，“明洋”轮在驶往中国途中经过日本那霸岛附近海域时发生火灾，为了船货的共同安全，相关方对船和货进行了救助、抢险和修理等，从而产生共同海损。永迪公司有权向被告要求共同海损分摊，经理算，被告应分摊共同海损339811.63元。永迪公司已将向被告要求共同海损分摊的债权转让给了原告。原告遂诉至法院，请求判令：被告向原告支付共同海损分摊339811.63元及相应利息。被告舟山汉益远洋渔业有限公司承认“明洋”轮所载货物有共同海损的事实，对原告主张的利息亦无异议。

法院认为，“明洋”轮在海上航行过程中机舱发生火灾，船和货处于共同危险，永迪公司为了船货共同安全而请求相关方进行救助，由此造成的特殊牺牲、支付的特殊费用属于共同海损，应由包括被告在内的“明洋”轮各货主按照各自分摊价值的比例进行分摊。永迪公司与原告签订债权转让协议，系当事人真实意思表示，且不违反法律禁止性规定，应认定为有效。债权转让自债权转让方通知债务人时对其产生效力，故永迪公司将上述债权转让通知了被告后，原告有权要求被告分摊共同海损。故法院支持原告诉求。

【法条指引】

中华人民共和国海商法（节录）

第一百九十八条 船舶、货物和运费的共同海损牺牲的金额，依照下列规定确定：

（一）船舶共同海损牺牲的金额，按照实际支付的修理费，减除合理的以新换旧的扣减额计算。船舶尚未修理的，按照牺牲造成的合理贬值计算，但是不得超过估计的修理费。

船舶发生实际全损或者修理费用超过修复后的船舶价值的，共同海损牺牲金额按照该船舶在完好状态下的估计价值，减除不属于共同海损损坏的估计的修理费和该船舶受损后的价值余额计算。

（二）货物共同海损牺牲的金额，货物灭失的，按照货物在装船时的价值加保险费加运费，减除由于牺牲无需支付的运费计算。货物损坏，在就损坏程度达成协议前售出的，按照货物在装船时的价值加保险费加运费，与出售货物净得的差额计算。

（三）运费共同海损牺牲的金额，按照货物遭受牺牲造成的运费的损失金额，减除为取得这笔运费本应支付，但是由于牺牲无需支付的营运费用计算。

第一百九十九条 共同海损应当由受益方按照各自的分摊价值的比例分摊。

船舶、货物和运费的共同海损分摊价值，分别依照下列规定确定：

（一）船舶共同海损分摊价值，按照船舶在航程终止时的完好价值，减除不属于共同海损的损失金额计算，或者按照船舶在航程终止时的实际价值，加上共同海损牺牲的金额计算。

（二）货物共同海损分摊价值，按照货物在装船时的价值加保险费加运费，减除不属于共同海损的损失金额和承运人承担风险的运费计算。货物在抵达目的港以前售出的，按照出售净得金额，加上共同海损牺牲的金额计算。

旅客的行李和私人物品，不分摊共同海损。

（三）运费分摊价值，按照承运人承担风险并于航程终止时有权收取的运费，减除为取得该项运费而在共同海损事故发生后，为完成本航程所支付的营运费用，加上共同海损牺牲的金额计算。

第十章

海事赔偿责任限制

第一节　海事赔偿责任限制概述

【规则要点】

海事赔偿责任限制，是指当船舶在因航行事故或者船长、船员的行为而产生海事赔偿请求时，船舶所有人等限制主体在自身无过错、不知情或是未参与的情况下，将其承担的损害赔偿责任限制在法律规定的限度之内的制度。海事赔偿责任限制主要可以分为执行制、委付制、船价制、金额制、并用制和选择制六类。适用过程中，须区别于单位责任限制。

【理解与适用】

海事赔偿责任限制，是指当船舶在因航行事故或者船长、船员的行为而产生海事赔偿请求时，船舶所有人等限制主体在自身无过错、不知情或是未参与的情况下，将其承担的损害赔偿责任限制在法律规定的限度之内的制度。该制度是海商制度中的特有制度，其对于鼓励海上运输、海难救助、海上保险以及对外贸易具有重大作用。

一、海事赔偿责任限制分类

根据各国立法差异，海事赔偿责任限制主要可以分为以下六种：

（一）执行制

执行制是指船舶所有人因为船舶而产生的债务以其海上财产为限，即以船舶和运费承担赔偿责任，并且债权人只能通过对于船舶和运费的强制执行来获得赔偿。该强制执行不需要船舶所有人的意思表示，只要请求符合法律规定，法院即可进行。在执行之后，如果债权人的债权还是没有得到清偿但船舶所有人已经没有其他海上财产，那么船舶所有人不再负责。在该种情况下，债权人得到的是船舶和运费而不是直接的金钱赔偿，如果该船舶已经受损或者灭失，那么债权人就很难得到充分赔偿甚至根本得不到赔偿。

（二）委付制

委付制指船舶所有人将其海上财产如船舶、运费及其他分担所得委付给债权人即可免除责任，如果不委付的话船舶所有人就要承担无限责任。委付制同执行制相同，赔付债权人的也是船舶和运费，故债权人得到完全清偿的可能性较小。

（三）船价制

船价制指船舶所有人对因船舶而产生的债务，以船舶发生海损事故的航次终了时该船舶的价值为限。因此船价制和委付制存在相似之处：如果船舶所有人直接将船舶赔付给债权人，那么就可以免除其他赔偿责任，如果船舶灭失或者损坏，那么债权人就只能得到不完全清偿或者根本得不到清偿。但是，二者的区别在于船价制之下船舶赔付具有可替代性。如果船东不愿将船舶委付给债权人，只要其将与船舶现存价值等值的金钱交给债权人同样可以免除责任。在船价制下，债权人得到的一般是金钱。

（四）金额制

这是指船舶所有人对于因为船舶某一次事故引起的债务，按照该船舶吨位乘以每一吨的限额承担赔偿责任。该制度是目前应用较为广泛的制度。中国采用的也是该制度。在金额制下，不论船舶价值大小，船舶所有人对于每次事故引起的债务，其赔偿责任都以确定的金额为限，因而债权人能够得到稳定的赔偿。同时，实行金额制不必对船舶进行估价，在实践中更为方便。金额制中受害人得到的赔偿一般是金钱。

（五）并用制

并用制是指船价和金额并用并且以海上财产为限的制度。如果船舶的价值高于每吨限额乘以船舶吨位的金额，那么就以该金额承担责任；如果船舶的价值低于该金额，就以船价为限承担责任。如果发生了使船舶全损的事故，船舶所有人就不再承担责任。

（六）选择制

该制度是指船舶所有人有权在不同的制度中依照自己的意愿进行选择，从而使自己的利益得到最大的保护。

二、海事赔偿责任限制与单位责任限制

要理解海事赔偿责任限制的内涵，需要将其区别于单位责任限制。海事赔偿责任限制也称为总和责任限制或者总体责任限制，是针对某一特定场合所产生的总的赔偿责任（包括赔偿责任和违约责任）而言，当总的赔偿责任超过了法律所规定的限制，那么责任人就可以依法行使海事赔偿责任限制的权利。这区别于单位责任限制。单位责任限制主要是指海上货物运输中所规定的承运人对每航次中发生的提单项下每件或者每个其他货运单位的货物灭失或者损坏的赔偿限额。在某艘货运船舶发生海难后，同时造成人身伤亡和财产损失，也造成了提单项下货物的损坏，这种情况下承运人既有限制责任的权利，也有海事赔偿责任限制的权利。学理上将前者称为“一次限制”，而后者称为“二次限制”。它们的区别包括以下几项：

第一，责任主体不同。

单位责任限制的责任主体是承运人，包括了船舶的所有人（包括承租人和经营人）及其受雇人、代理人。海事赔偿责任限制的责任主体则为三类，即船舶所有人（包括承租人和经营人）、救助人、前两者的受雇人和责任保险人。因此后者的主体范围更宽。

第二，适用范围不同。

单位责任限制仅能够适用于对本船所发生的货物灭失和迟延交付的经济损失赔偿请求权，或者是对本船旅客人身伤亡和行李灭失、损坏的赔偿请求权。但是海事赔偿责任限制可以适用的范围除了货损、其他财产损失、人员伤亡的赔偿请求之外，还包括船舶营运、救助作业中的人员伤亡、财产损失以及对港口工程、港池、港道和助航设施的赔偿请求。

第三，责任限额不同。

在责任限额问题上，单位责任限制规定在我国海商法第 56 条中，承运人对每件或者每个其他货运单位的赔偿限额为 666.67 计算单位，或者按照货物毛重计算，每公斤为 2 计算单位，以二者中赔偿限额较高者为准；第 57 条规定，承运人对货物因迟延交付造成经济损失的赔偿限额，为所迟延交付的货物的运费数额。但就海事赔偿限制而言，中国赔偿责任限额实行金额制度，按照船舶吨位大小分级计算。

第四，责任限制的程序不同。

单位责任限制作为一种实体法上的权利，不需要责任人进行申请，在责任确定后可以直接适用。而海事赔偿责任限制是一种抗辩权，适用需要法院按照我国海事诉讼特别程序法规定的程序进行。

【法条指引】

中华人民共和国海商法（节录）

第五十六条 承运人对货物的灭失或者损坏的赔偿限额，按照货物件数或者其他货运单位数计算，每件或者每个其他货运单位为 666.67 计算单位，或者按照货物毛重计算，每公斤为 2 计算单位，以二者中赔偿限额较高的为准。但是，托运人在货物装运前已经申报其性质和价值，并在提单中载明的，或者承运人与托运人已经另行约定高于本条规定的赔偿限额的除外。

货物用集装箱、货盘或者类似装运器具集装的，提单中载明装在此类装运器具中的货物件数或者其他货运单位数，视为前款所指的货物件数或者其他货运单位数；未载明的，每一装运器具视为一件或者一个单位。

装运器具不属于承运人所有或者非由承运人提供的，装运器具本身应当视为一件或者一个单位。

第五十七条 承运人对货物因迟延交付造成经济损失的赔偿限额，为所迟延交付的货物的运费数额。货物的灭失或者损坏和迟延交付同时发生的，承运人的赔偿责任限额适用本法第五十六条第一款规定的限额。

第二节　海事赔偿责任限制适用

【规则要点】

海事赔偿责任适用主体主要包括船舶所有人、救助人、二者的受雇人或代理人和责任保险人。不得适用海事赔偿责任限制的情形主要包括直接故意行为和间接故意行为两种。在适用海事赔偿责任限制制度的过程中，还需注意例外不得限制责任的情形。

【理解与适用】

一、海事赔偿责任限制主体

海事赔偿责任限制主体，指对海事赔偿的请求负有责任，但根据海事赔偿责任限制法律规定有权限制其海事赔偿责任的人。我国海商法中责任限制主体主要包括：船舶所有人、救助人、二者的受雇人或代理人和责任保险人。

船舶所有人不限于船舶的实际所有人，船舶承租人和船舶经营人也在此列。但是我国海商法对于船舶承租人和船舶经营人的范围界定得不太明确。如果海事赔偿请求向船舶所有人、救助人的受雇人或者代理人提出，只要受雇人或者代理人的行为在受雇范围或者委托范围之内，那么他们就和船舶所有人、救助人享有同样的责任限制。被保险人对于海事赔偿请求可以限制赔偿责任的，对该海事赔偿请求承担保险责任的保险人也可以依据海商法享有与该被保险人相同的赔偿责任限制。

对于无船承运人能否享受责任限制的问题，目前主流观点是否定的。我国海商法并未将无船承运人作为海事赔偿责任限制主体的范围。且从制度设计目的角度来看，海事赔偿责任限制主体应当是与船舶具有利益关系的人，但是承运人是一个从运输合同关系进行定义的主体，其与船舶本身并不具备利益关系。此外，无船承运人也不拥有且不经营船舶，因此事实上也无法对其赔偿责任进行限制。

二、海事赔偿责任限制条件

海事赔偿责任限制条件，指责任主体适用海事赔偿责任限制必须具备的条件。我国海商法第 209 条以反面列举的方式明确了海事赔偿责任限制的条件。

不得适用海事赔偿责任限制的情形主要包括两种：

一是直接故意行为。

即责任人预见到自己的行为可能造成损害后果而追求或者放任其发生。

二是间接故意行为。

即责任人明知自己的行为可能造成损害后果，但是其轻信不会发生而采取的作为或者不作为，或者责任人对可能产生的后果持放任态度。

三、限制性债权与非限制性债权

（一）限制性债权

限制性债权，指责任主体根据海事赔偿责任限制法律的规定可以限制其赔偿责任的海事赔偿请求权。即使是享有海事赔偿责任限制的主体，也并非在所有债权中均可享受责任限制，可以享受责任限制的权利范围需要法律的明确规定。

我国海商法第 207 条规定：下列海事赔偿请求，除本法第 208 条和第 209 条另有规定外，无论赔偿责任的基础有何不同，责任人均可以依照本章规定限制赔偿责任：（一）在船上发生的或者与船舶营运、救助作业直接相关的人身伤亡或者财产的灭失、损坏，包括对港口工程、港池、航道和助航设施造成的损坏，以及由此引起的相应损失的赔偿请求；（二）海上货物运输因迟延交付或者旅客及其行李运输因迟延到达造成损失的赔偿请求；（三）与船舶营运或者救助作业直接相关的，侵犯非合同权利的行为造成其他损失的赔偿请求；（四）责任人以外的其他人，为避免或者减少责任人依照本章规定可以限制赔偿责任的损失而采取措施的赔偿请求，以及因此项措施造成进一步损失的赔偿请求。对于上述四项赔偿请求，无论提出的方式有何不同，责任主体都可以限制赔偿责任。但是，对于第（四）项涉及的责任人以合同约定支付的报酬，不得适用赔偿责任限制的相关规定。

（二）非限制性债权

非限制性债权，指责任人根据海事赔偿责任限制的法律规定不能限制其赔偿责任的债权。非限制性债权的情形规定在我国海商法第 208 条。

不得海事赔偿责任限制的情形包括以下几种：

1. 救助款项或者共同海损分摊的请求；

2. 中国参加的国际油污损害民事责任公约规定的油污损害的赔偿请求；

3. 中国参加的国际核能损害责任限制公约规定的核能损害的赔偿请求；

4. 核动力船舶造成的核能损害的赔偿请求；

5. 船舶所有人或者救助人的受雇人提出的赔偿请求，根据调整劳务合同的法律，船舶所有人或者救助人对该类赔偿请求无权限制赔偿责任，或者该项法律作了高于我国海商法第十一章规定的赔偿限额的规定。

第 1 项中关于救助款项，在第 180 条中已经规定了救助人请求的救助报酬以获救船舶和其他财产的获救价值为限，所以不再作二次限制。同时，对于海难救助报酬不适用海事赔偿责任限制有利于鼓励海难救助的产生。在共同海损的问题上，船方和货方是按照比例进行分摊的。如果单方限制船方的责任，那么对货方构成了实质上的不公平。第 5 项的规定是为了保护船舶所有人或者救助人的雇佣人员的权利。

四、海事赔偿责任限额索赔冲抵适用

索赔冲抵，指当事人双方互为责任人和索赔人的情况下，责任限额如何适用的问题。

适用索赔冲抵需要满足四个条件：

第一，请求方和被请求方均提出了请求；

第二，两方或者一方的请求内容属于法定限制性债权；

第三，双方各自请求基于同一海损事故；

第四，双方海事请求在等额范围内相互冲抵。

对于索赔冲抵问题，实践中主要有两种做法：一种是交叉责任限制原则，即“先限制，后冲抵”，责任限额分别适用于各自的索赔额；另一种是单一责任限制原则，即“先冲抵，后限制”，责任限额仅适用于双方的索赔额相互冲抵之后的差额。我国海商法所采用的是单一责任限制原则，这也是大多数国家适用的原则。第 215 条规定：“享受本章规定的责任限制的人，就同一事故向请求人提出反请求的，双方的请求金额应当相互抵消，本章规定的赔偿限额仅适用于两个请求金额之间的差额。”

【风险提示】

船舶所有人、救助人的受雇人或者代理人对于受害方向其提出的海事赔偿请求享有与船舶所有人、救助人同样的责任限制，除非受雇人或者代理人导致对方损害的行为超出了受雇范围或者委托范围。

【法条指引】

中华人民共和国海商法（节录）

第二百零四条 船舶所有人、救助人，对本法第二百零七条所列海事赔偿请求，可以依照本章规定限制赔偿责任。

前款所称的船舶所有人，包括船舶承租人和船舶经营人。

第二百零五条 本法第二百零七条所列海事赔偿请求，不是向船舶所有人、救助人本人提出，而是向他们对其行为、过失负有责任的人员提出的，这些人员可以依照本章规定限制赔偿责任。

第二百零六条 被保险人依照本章规定可以限制赔偿责任的，对该海事赔偿请求承担责任的保险人，有权依照本章规定享受相同的赔偿责任限制。

第二百零九条 经证明，引起赔偿请求的损失是由于责任人的故意或者明知可能造成损失而轻率地作为或者不作为造成的，责任人无权依照本章规定限制赔偿责任。

第三节 海事赔偿责任限制限额

【规则要点】

海事赔偿责任限制限额，指责任主体依法对所有应当承担的限制性债权的最高赔偿限额。我国海事责任限制限额采用的是金额制。

【理解与适用】

目前应用最广的是金额制，我国海商法所采用的也是金额制，主要规定在第 210 条和第 211 条。海事赔偿责任限额的确定按照船舶吨位来分级计算，人身伤亡的赔偿请求分为五个等级，非人身伤亡的赔偿请求分为四个等级。还要注意的是，我国海商法采用事故制度，以一次事故为单位计算一次责任限额；如果一个航次中发生了多次事故，就要计算多次责任限额。

一、人身伤亡的赔偿责任限额

（1）总吨位 300 吨至 500 吨的船舶，赔偿限额为 333000 计算单位；

（2）总吨位超过 500 吨的船舶，500 吨以下部分适用（1）的规定，500 吨以上的部分，应当增加下列数额：501 吨至 3000 吨的部分，每吨增加 500 计算单位；3001 吨至 30000 吨的部分，每吨增加 333 计算单位；30001 吨至 70000 吨的部分，每吨增加 250 计算单位；超过 70000 吨的部分，每吨增加 167 计算单位。

上述规定适用于单纯的人身伤亡请求，其中的计算单位指的是特别提款权。

二、非人身伤亡的赔偿责任限额

非人身伤亡的请求指的是经济方面的赔偿请求，如财产的灭失、损坏等。中国规定如下：

（1）总吨位 300 吨至 500 吨的船舶，赔偿限额为 167000 计算单位；

（2）总吨位超过 500 吨的船舶，500 吨以下部分适用（1）的规定，500 吨以上的部分，应当增加下列数额：501 吨至 30000 吨的部分，每吨增加 167 计算单位；30001 吨至 70000 吨的部分，每吨增加 125 计算单位；超过 70000 吨的部分，每吨增加 83 计算单位。

上述规定适用于单纯的非人身伤亡的赔偿请求。

三、人身伤亡赔偿请求与非人身伤亡赔偿请求共存

同时出现人身伤亡赔偿请求和非人身伤亡赔偿请求时，按照上述规定分别计算人身和非人身的损害赔偿限额。如果人身伤亡限额不能完全覆盖全部人身伤亡赔偿请求，则其不足部分计入非人身伤亡赔偿请求，从非人身伤亡赔偿责任限额中与非人身伤亡赔偿请求按照金额比例受偿。

在不影响人身伤亡赔偿请求的情况下，对于港口工程、港池、航道和助航设施损害的赔偿请求，应当优先于非人身伤亡赔偿中的其他项目优先受偿。剩余部分由其他项目权利人按请求额比例分配。

四、海难救助人赔偿责任限额

救助人进行救助作业的方式有多种，船舶的有无、船舶的归属都对其责任限额有影响，应当分别进行考虑。当救助人以自己的船舶（包括其拥有、租赁或经营）进行救助时，其责任限额按照其使用的救助船舶的实际吨位进行计算；当救助人不使用船舶进行救助作业或者直接在被救助船舶上进行救助作业时，其责任限额直接为按照总吨位为1500 吨的船舶，并适用上述规定的具体方法计算。

五、不满 300 总吨船舶赔偿责任限额

我国海商法第 210 条规定总吨位不满 300 吨的船舶，从事中华人民共和国港口之间的运输的船舶，以及从事沿海作业的船舶，其赔偿限额由国务院交通主管部门制定，报国务院批准后施行。交管部门依照此条制定了《关于不满 300 总吨船舶及沿海运输、沿海作业船舶海事赔偿限额的规定》，经国务院批准后于 1994 年 1 月 1 日开始施行。

对于不满 300 总吨的船舶，同样区分为人身伤亡赔偿和非人身伤亡赔偿两类对赔偿责任限额进行规定。

1. 人身伤亡赔偿责任限额：超过 20 总吨、21 总吨以下的船舶，赔偿限额是 54000 计算单位；超过 21 总吨的船舶，超过部分每吨增加 1000 计算单位。

2. 非人身伤亡赔偿责任限额：超过 20 总吨、21 总吨以下的船舶，赔偿限额是 27500 计算单位；超过 21 总吨的船舶，超过部分每吨增加 500 计算单位。

对于从事中国港口之间货物运输或者沿海作业的船舶，不满 300 总吨的，其海事赔偿责任限额按照上述规定赔偿限额的 50% 计算；300 总吨以上的，其海事赔偿责任限额按照海商法第 210 条规定的赔偿限额的 50% 计算。

六、旅客人身伤亡赔偿责任限额

这里的旅客，是指根据海上旅客运输合同运送的人，或者是经承运人同意，根据海上货物运输合同随船护送货物的人。我国海商法第 211 条第 1 款规定："海上旅客运输的旅客人身伤亡赔偿责任限制，按照 46666 计算单位乘以船舶证书规定的载客定额计算赔偿限额，但是最高不超过 25000000 计算单位。"该条款仅适用于海上旅客运输的赔偿责任限额，如果是中国沿海港口之间的海上旅客运输的人身伤亡，赔偿限额需要适用《中华人民共和国港口间海上旅客运输赔偿责任限额规定》来处理："海上旅客运输的旅客人身伤亡赔偿责任限制，按照 4 万人民币乘以船舶证书规定的载客定额计算赔偿限额，但最高不超过 2100 万元人民币。"

【法条指引】

中华人民共和国海商法（节录）

第二百一十条 除本法第二百一十一条另有规定外，海事赔偿责任限制，依照下列规定计算赔偿限额：

（一）关于人身伤亡的赔偿请求

1. 总吨位 300 吨至 500 吨的船舶，赔偿限额为 333000 计算单位；

2. 总吨位超过 500 吨的船舶，500 吨以下部分适用本项第 1 目的规定，500 吨以上的部分，应当增加下列数额：

501 吨至 3000 吨的部分，每吨增加 500 计算单位；

3001 吨至 30000 吨的部分，每吨增加 333 计算单位；

30001 吨至 70000 吨的部分，每吨增加 250 计算单位；

超过 70000 吨的部分，每吨增加 167 计算单位。

（二）关于非人身伤亡的赔偿请求

1. 总吨位 300 吨至 500 吨的船舶，赔偿限额为 167000 计算单位；

2. 总吨位超过 500 吨的船舶，500 吨以下部分适用本项第 1 目的规定，500 吨以上的部分，应当增加下列数额：

501 吨至 30000 吨的部分，每吨增加 167 计算单位；

30001 吨至 70000 吨的部分，每吨增加 125 计算单位；

超过 70000 吨的部分，每吨增加 83 计算单位。

（三）依照第（一）项规定的限额，不足以支付全部人身伤亡的赔偿请求的，其差额应当与非人身伤亡的赔偿请求并列，从第（二）项数额中按照比例受偿。

（四）在不影响第（三）项关于人身伤亡赔偿请求的情况下，就港口工程、港池、航道和助航设施的损害提出的赔偿请求，应当较第（二）项中的其他赔偿请求优先受偿。

（五）不以船舶进行救助作业或者在被救船舶上进行救助作业的救助人，其责任限额按照总吨位为 1500 吨的船舶计算。

总吨位不满 300 吨的船舶，从事中华人民共和国港口之间的运输的船舶，以及从事沿海作业的船舶，其赔偿限额由国务院交通主管部门制定，报国务院批准后施行。

第二百一十一条 海上旅客运输的旅客人身伤亡赔偿责任限制，按照 46666 计算单位乘以船舶证书规定的载客定额计算赔偿限额，但是最高不超过 25000000 计算单位。

中华人民共和国港口之间海上旅客运输的旅客人身伤亡，赔偿限额由国务院交通主管部门制定，报国务院批准后施行。

第四节 海事赔偿责任限制基金

【规则要点】

海事赔偿责任限制基金，是指依法享有赔偿责任限制的责任人向有管辖权的法院设立的、用以保证其承担有限赔偿责任的、不可撤销的专用款项。该数额为海事赔偿责任限额和自事故发生之日起至基金设立之日为止的利息。

【理解与适用】

一、申请

海事赔偿责任限制基金的设立通过申请人的申请而启动，申请人的申请是基金设立的前提。海事诉讼特别程序法第 101 条规定，船舶所有人、承租人、经营人、救助人、保险人在发生海事事故后，依法申请责任限制的，可以向海事法院申请设立海事赔偿责任限制基金。船舶造成油污损害的，船舶所有人及其责任保险人或者提供财务保证的其他人为取得法律规定的责任限制的权利，应当向海事法院设立油污损害的海事赔偿责任限制基金。

申请人向海事法院申请设立海事赔偿责任限制基金的，应当以书面形式申请。申请书中需要载明的事项包括申请的数额、理由、已知利害关系人的名称、地址和通信方式，还需要附送有关证据。

申请设立海事赔偿责任限制基金的时限和申请法院规定在我国海诉法第 106 条第 3 款：设立责任限制基金的申请可以在起诉前或者诉讼中提出，但最迟应当在一审判决作出前提出。该条将设立海事赔偿责任限制基金的程序规定在两个不同的阶段中，既可以在诉讼中进行，也可以在诉前进行，具体由当事人自由选择。但是依据《海诉法司法解释》第 80 条的规定，如果当事人在起诉前申请设立海事赔偿责任限制基金，应当向事故发生地、合同履行地或者船舶扣押地海事法院提出。如果海事事故发生在中国域外，则以船舶发生事故后进入中国域内的第一到达港为事故发生地。

值得一提的是，申请人申请设立该基金并不意味着其对于赔偿责任的承认，也不意味着申请人必然享有限制责任的权利。这两个问题都需要以法院判断或裁决为准。

二、受理

（一）诉前申请

我国海事诉讼特别程序法第 102 条规定：“当事人在起诉前申请设立海事赔偿责任限制基金的，应当向事故发生地、合同履行地或者船舶扣押地海事法院提出。”并且第103条还规定“设立海事赔偿责任限制基金，不受当事人之间关于诉讼管辖协议或者仲裁协议的约束”。这表明只要案件当事人提出设立基金的请求，就需要适用法律统一管辖的规定而排除当事人的意思自治。

（二）诉中申请

《海诉法司法解释》第81条规定，当事人在诉讼中申请设立海事赔偿责任限制基金的，应当向受理相关海事纠纷案件的海事法院提出，但是当事人之间订有有效诉讼管辖协议或者仲裁协议的除外。该规定方便了基金的执行，有利于诉讼程序简化和减少成本。

三、公告和通知

海事诉讼特别程序法第105条规定：“海事法院受理设立海事赔偿责任限制基金申请后，应当在七日内向已知的利害关系人发出通知，同时通过报纸或者其他新闻媒体发布公告。通知和公告包括下列内容：（一）申请人的名称；（二）申请的事实和理由；（三）设立海事赔偿责任限制基金事项；（四）办理债权登记事项；（五）需要告知的其他事项。”

对于设立公告，《海诉法司法解释》第82条补充规定：“设立海事赔偿责任限制基金应当通过报纸或者其他新闻媒体连续公告3日。如果涉及的船舶是可以航行于国际航线的，应当通过对外发行的报纸或者其他新闻媒体发布公告。”

四、基金设立

（一）基金设立人

申请设立责任限制基金的人一般是主张责任限制权利的人。我国海事诉讼特别程序法第101条列举规定基金设立人包括：船舶所有人、经营人、承租人、救助人和保险人。

（二）设立方式

依据海事诉讼特别程序法第108条第2款，设立海事赔偿责任限制基金可以提供现金，也可以提供经海事法院认可的担保。《海诉法司法解释》第85条将这里的“担保”明确为中国境内银行或者其他金融机构出具的担保。

(三) 基金数额

我国海事诉讼特别程序法第108条第3款规定:“海事赔偿责任限制基金的数额,为海事赔偿责任限额和自事故发生之日起至基金设立之日止的利息。以担保方式设立基金的,担保数额为基金数额及其在基金设立期间的利息。”

(四) 基金设立效果

我国海商法第214条规定:“责任人设立责任限制基金后,向责任人提出请求的任何人,不得对责任人的任何财产行使任何权利;已设立责任限制基金的责任人的船舶或者其他财产已经被扣押,或者基金设立人已经提交抵押物的,法院应当及时下令释放或者责令退还。”根据该条,设立海事赔偿责任限制基金后具有以下效果:

1. 限制性债权人不得对设立基金的人的其他任何财产行使任何权利。

同时,《海诉法司法解释》第86条进一步规定,设立基金之后基于同一海事事故的限制性债权人不得就该项索赔对设立或者以其名义设立基金的人的任何财产行使任何权利。这是对前述海商法规定的明确。

2. 释放船舶或退还担保。

基金设立人的船舶或其他财产如果已经因为某一可以向基金提出的索赔被扣押,或者基金设立人已经就此提供担保,则扣押应当被解除,担保应当被释放。

3. 影响船舶优先权行使。

按照我国海商法第30条的规定,船舶优先权不影响有关海事赔偿责任限制规定的实施。即船舶优先权与海事赔偿责任限制发生冲突时,以海事赔偿责任限制为准,从而影响船舶优先权的行使及具有优先权的海事请求的受偿。在设立基金之后,任何人不得就可以向基金提出索赔的债权申请扣船。如果船舶优先权所担保的债权为同一事故引起的限制性债权,则该项债权只能通过基金受偿而不能申请扣押船舶来行使。如果是船舶优先权担保的非限制性债权,如海难救助款项等,则不受基金设立的影响。

五、利害关系人异议

利害关系人对申请设立海事赔偿责任限制基金有异议的,收到通知的在7日内、未收到通知的在30日内,以书面形式向海事法院提出。利害关系人对申请人设立海事赔偿责任限制基金提出异议的，海事法院应当对设立基金申请人的主体资格、事故所涉及的债权性质和申请设立基金的数额进行审查。

海事诉讼特别程序法第 106 条第 2 款规定：“海事法院收到利害关系人提出的书面异议后，应当进行审查，在十五日内作出裁定。异议成立的，裁定驳回申请人的申请；异议不成立的，裁定准予申请人设立海事赔偿责任限制基金。”几个利害关系人先后分别提出异议的，海事法院可以一次裁定解决。对于 15 日审查期限的起算问题，依照海事诉讼特别程序法第 106 条第 1 款的规定，利害关系人应当在收到通知 7 日内或者未收到通知的情况下在公告之日起 30 日内提出书面异议。只有自最后一个收到通知的利害关系人异议期满，海事法院才能确定异议人个数并一次裁定。故该 15 日应当自最后一个收到通知的利害关系人异议期满后起算。

如果当事人对裁定不服，可以在收到裁定书之日起 7 日内提起上诉。二审人民法院应当在收到上诉状之日起 15 日内作出裁定。利害关系人在规定期间没有提出异议的，海事法院裁定准予申请人设立海事赔偿责任期间限制基金。

六、基金申请错误

在海事法院允许设立基金后，如果在诉讼中经实体审理发现责任人无权限制赔偿责任，便构成责任人申请设立海事赔偿责任基金错误。在这种情况下，申请人应当赔偿利害关系人因此所遭受的损失。

七、基金设立程序终结

基金设立程序终结情形包括四种：

其一，准许申请人设立基金的裁定生效后，申请人按照裁定设立了基金。

其二，准许申请人设立基金的裁定生效后，申请人未在裁定规定的期限内设立基金。我国《海诉法司法解释》第 84 条将期限规定为 3 日，逾期未设立则按自动撤回申请处理。

其三，设立海事赔偿责任限制基金的申请被裁定驳回，驳回申请的裁定生效。

其四，申请人在设立海事赔偿责任限制基金前，撤回设立基金的申请。

【风险提示】

1. 海事赔偿责任限制基金必须以书面形式申请。

2. 申请人申请设立该基金不视为对于赔偿责任的承认，且申请人也不必然享有限制责任的权利。

3. 当事人设立基金申请的管辖适用法律统一管辖的规定，排除当事人意思自治。

4. 海事法院审查利害关系人书面异议期限为15日内，该期限自最后一个收到通知的利害关系人异议期满起算。

【法条指引】

中华人民共和国海商法（节录）

第三十条 本节规定不影响本法第十一章关于海事赔偿责任限制规定的实施。

中华人民共和国海事诉讼特别程序法（节录）

第一百零一条 船舶所有人、承租人、经营人、救助人、保险人在发生海事事故后，依法申请责任限制的，可以向海事法院申请设立海事赔偿责任限制基金。

船舶造成油污损害的，船舶所有人及其责任保险人或者提供财务保证的其他人为取得法律规定的责任限制的权利，应当向海事法院设立油污损害的海事赔偿责任限制基金。

设立责任限制基金的申请可以在起诉前或者诉讼中提出，但最迟应当在一审判决作出前提出。

第一百零八条 准予申请人设立海事赔偿责任限制基金的裁定生效后，申请人应当在海事法院设立海事赔偿责任限制基金。

设立海事赔偿责任限制基金可以提供现金，也可以提供经海事法院认可的担保。

海事赔偿责任限制基金的数额，为海事赔偿责任限额和自事故发生之日起至基金设立之日止的利息。以担保方式设立基金的，担保数额为基金数额及其在基金设立期间的利息。

以现金设立基金的，基金到达海事法院指定账户之日为基金设立之日。以担保设立基金的，海事法院接受担保之日为基金设立之日。

第十一章

海上保险合同

海上保险又称为水险，指保险人以集中起来的保险费，承保并赔偿被保险人因海上危险而造成的船舶、货物，以及其他财产的损失和费用支出的保险方式。依据海上保险合同的约定，保险人也承保被保险人对第三方的民事赔偿责任。

海上保险属于财产保险的范围，它是对自然灾害和意外事故所造成的财产损失的一种补偿方法。海上保险包括多种类型：

1. 按照保险标的，可分为船舶保险、货物保险、运费保险和责任保险

船舶保险，是指将船壳、船机和船舶属具作为同一个保险标的进行投保的保险；货物保险，是指对船舶上所运输的商品、物品或其他可以计价的有形财产进行的保险；运费保险，是指对于承运人完成运输行为后应得的报酬进行的保险；责任保险中的责任，是指船东、货主或者其他利害关系人在海上航行、生产作业过程中因发生海损或者其他事故造成的对第三者的赔偿责任或者按照合同应付的赔偿责任。

2. 按照保险价值，可分为定值保险和不定值保险

定值保险，是指当事人事先确定保险标的的价值，并在合同中载明，保险人按照该约定价值确定保险金额作为收取保险费和赔偿计算的依据，当标的遭受损失时，不论该标的实际价值如何，保险人只按合同上确定的固定保险金额作为最高限额。不定值保险，是指保险人和被保险人双方事先不对保险标的约定价值，当标的遭受损失时根据保险标的当时的实际价格作为计算赔偿的金额基础。

3. 按照保险期限，可以分为航程保险、定期保险和混合保险

航程保险，是指保险人根据合同规定承保约定的港口之间的一次航

程、往返航程或多次航程为保险责任起止期间。定期保险，是指保险人和被保险人约定一段时间，作为保险的期限。混合保险，是指将上述两种方式同时使用。

4. 按照承保方式，可以分为流动保险和预约保险

流动保险，是指保险人和被保险人约定一个总的保险额度，用以承保多次运输的货物。预约保险，是指保险人与被保险人事先签订一个保险合同，规定在约定范围内的风险均由保险人自动承保，最后进行结算的保险。

第一节 海上保险合同

【规则要点】

海上保险合同，是指保险人按照约定，对被保险人遭受保险事故造成保险标的的损失和产生的责任负责赔偿，而由被保险人支付保险费的合同。海上保险合同的解除包括两种方式，一种是当事人双方协商解除；另一种是保险人或被保险人依法单方解除。海上保险合同可以进行转让。

【理解与适用】

根据我国海商法规定，海上保险合同是指保险人按照约定，对被保险人遭受保险事故造成保险标的的损失和产生的责任负责赔偿，而由被保险人支付保险费的合同。

海上保险合同是一种典型的射幸合同，具有双务性和有偿性，同时又具有补偿性，即合同双方权利义务关系主要是指向对于保险人可能遭遇危险的财产利益进行保障。海上保险合同一般是保险人单方拟定并预先印制，投保人签订保险时只能按照保险单的格式条款表示同意与否，而不能与保险人进行协商。

一、海上保险合同的订立、解除和转让

（一）订立

《中华人民共和国保险法》中规定了经纪人制度，由被保险人通过保

险经纪人作为代理人来签订保险合同。保险经纪人出具保单，保险人在承保单上签字后合同即告成立。但是在实践中，海上保险合同大多被保险人直接向保险人提出保险要求，保险人同意承保后双方就保险合同的条款达成协议，此时保险合同成立。保险人应当及时向被保险人出具相关单证如保险单，并且在保险单证中载明协议内容。

关于保险合同内容，被保险人还可以与保险人协商一致变更。变更保险合同的应当由保险人在保险单或者其他保险凭证上批注或者附贴批单，或者双方另行订立变更的书面协议。

（二）解除

海上保险合同的解除包括两种方式，一种是当事人双方协商解除；另一种是保险人或被保险人依法单方解除。可单方解除合同的情形如下：

1. 被保险人违反告知义务

根据我国保险法规定，投保人、被保险人有如实告知义务。我国海商法也明确规定，合同订立前，被保险人应当将其知道的或者在通常业务中应当知道的有关影响保险人据以确定保险费率或者确定是否同意承担的重要情况，如实告知保险人。

如果由于被保险人的故意，未将有关重要情况如实告知保险人的，保险人有权解除合同，并不退还保险费。合同解除前发生保险事故造成损失的，保险人不负赔偿责任。不是由于被保险人的故意，未将有关重要情况如实告知保险人的，保险人有权解除合同或者要求相应增加保险费。保险人解除合同的，对于合同解除前发生保险事故造成的损失，保险人应当负赔偿责任；但是，未告知或者错误告知的重要情况对保险事故的发生有影响的除外。

2. 被保险人违反保证条款

保证条款，是指海上保险合同中订明的被保险人向保险人作出的承诺，保证其在履行合同过程中应做什么、不做什么，或是否履行某项条件，或是否确认某些事实的特定状态存在的一种承诺。只要被保险人违反合同约定的保证条款，被保险人均应立即书面通知保险人。保险人有权解除合同。但保险人收到被保险人违反合同约定的保证条款的通知后，仍收取保险费或支付保险赔偿的，不得再以被保险人违反合同的保证条款为由解除合同。解除合同的，应当将自合同解除之日起至保险期间届满之日止的保险费退还给被保险人。

3. 被保险人谎称发生或者故意制造保险事故

我国保险法规定，未发生保险事故，被保险人或者受益人谎称发生了保险事故，向保险人提出赔偿或者给付保险金请求的，保险人有权解除合同，并不退还保险费。投保人、被保险人故意制造保险事故的，保险人有权解除合同，不承担赔偿或者给付保险金的责任。但在人身保险中，如果是投保人故意造成被保险人死亡、伤残或者疾病的，保险人虽不承担给付保险金的责任，但投保人已交足 2 年以上保险费的，保险人应当按照合同约定向其他权利人退还保险单的现金价值。

4. 投保人、被保险人未按照约定履行其对保险标的的安全的保护义务

被保险人应当遵守国家有关消防、安全、生产操作、劳动保护等方面的规定，维护保险标的的安全。投保人、被保险人未按照约定履行其对保险标的的安全应尽的职责的，保险人有权要求增加保险费或者解除合同。

5. 被保险人未按照合同约定及时通知保险人保险标的的危险增加的情况

我国保险法第 52 条规定，在合同有效期内，保险标的的危险程度显著增加的，被保险人应当按照合同约定及时通知保险人，保险人可以按照合同约定增加保险费或者解除合同。保险人解除合同的，应当将已收取的保险费，按照合同约定扣除自保险责任开始之日起至合同解除之日止应收的部分后，退还投保人。被保险人未履行上述规定的通知义务的，因保险标的的危险程度显著增加而发生的保险事故，保险人不承担赔偿保险金的责任。

6. 未经保险人同意转让船舶保险合同

依据我国保险法规定，保险标的转让的，被保险人或者受让人应当及时通知保险人，但货物运输保险合同和另有约定的合同除外。因保险标的转让导致危险程度显著增加的，保险人自收到通知之日起 30 日内，可以按照合同约定增加保险费或者解除合同。保险人解除合同的，应当将已收取的保险费，按照合同约定扣除自保险责任开始之日起至合同解除之日止应收的部分后，退还投保人。被保险人、受让人未履行相关通知义务的，因转让导致保险标的危险程度显著增加而发生的保险事故，保险人不承担赔偿保险金的责任。

我国海商法则更加明确地规定，因船舶转让而转让船舶保险合同的，应当取得保险人同意。未经保险人同意，船舶保险合同从船舶转让时起解除；船舶转让发生在航次之中的，船舶保险合同至航次终了时解除。合同解除后，保险人应当将自合同解除之日起至保险期间届满之日止的保险费退还被保险人

同时，依据我国保险法第 54 条的规定，在保险责任开始之前，如果投保人要求解除合同，应当按照合同约定向保险人支付手续费，保险人应当退还保险费。保险责任开始以后，投保人要求解除合同的，保险人应当将已经收取的保险费，按照合同约定扣除自保险责任开始之日起至合同解除之日止应收的部分后，退还投保人。

（三）转让

海上保险合同的转让是指被保险人将其合同让与第三人，受让人取代转让人地位成为被保险人的法律行为。海上保险合同的转让实质上就是合同主体的变更。我国海商法中主要规定了两种合同的转让条件，即海上货物运输保险合同和船舶保险合同。

1. 海上货物运输保险合同转让

根据我国海商法规定，货物运输保险合同的转让不需要保险人同意。在记名保险单的情况下，可以经被保险人背书转让；在不记名保险单的情况下，自被保险人将保险单交付受让人时合同即转让。在保险合同转让之后，权利义务也随同转移。如果合同转让时尚未支付保险费，则由转让人和受让人承担连带责任。

2. 船舶保险合同的转让

依据我国海商法第 230 条规定，因船舶转让而转让船舶保险合同的，应当取得保险人同意。未经保险人同意，船舶保险合同自船舶转让时解除。船舶转让如果发生在航次之中，则船舶保险合同在航次终了时解除。

二、海上保险合同内容

依据我国海商法有关规定，海上保险合同的内容主要包括下列各项：保险人名称、被保险人名称、保险标的、保险价值、保险金额、保险责任和除外责任、保险期间、保险费。

1. 保险人名称

保险人是保险合同中收取保险费并且依照合同约定承担赔偿责任的一方当事人。保险人形式多样，包括保险公司、互助协会和保险个体。保险个体是英国特有制度。保险公司的数量最多，中国承担海上货物运输保险的公司有中国人民保险公司及其分公司、太平洋保险公司和平安保险公司等。

2. 被保险人名称

被保险人，指保险事故发生造成财产损失时有权依保险合同取得赔偿的人。国际货物运输中被保险人一般是货主或者收货人。

3. 保险标的

保险标的指保险合同中载明的投保对象，包括一切可能遭受海上风险的财产，如船舶、船舶属具、货物或其他财产、取得的收入及对第三方应负的责任。

根据我国海商法规定，下列各项可以作为保险标的：

（1）船舶；

（2）货物；

（3）船舶营运收入，包括运费、租金、旅客票款；

（4）货物预期利润；

（5）船员工资和其他报酬；

（6）对第三人的责任；

（7）由于发生保险事故可能受到损失的其他财产和产生的责任、费用。

4. 保险价值

保险价值是被保险人投保财产的实际价值。投保人在投保时需要说明所投保标的的价值，通常是由保险人和被保险人协商确定。因此该保险价值未必是保险标的的实际价值。依据保险价值，可将保险分为定值保险和不定值保险。

我国海商法第 219 条规定，保险标的的保险价值由保险人与被保险人约定。保险人与被保险人未约定保险价值的，保险价值依照下列规定计算：

（1）船舶的保险价值，是保险责任开始时船舶的价值，包括船壳、机器、设备的价值，以及船上燃料、物料、索具、给养、淡水的价值和保险费的总和；

（2）货物的保险价值，是保险责任开始时货物在起运地的发票价格或者非贸易商品在起运地的实际价值以及运费和保险费的总和；

（3）运费的保险价值，是保险责任开始时承运人应收运费总额和保险费的总和；

（4）其他保险标的的保险价值，是保险责任开始时保险标的的实际价值和保险费的总和。

5. 保险金额

指保险人与被保险人商定的保险人承担的损失补偿的最高责任限额。如果保险价值等于保险金额则称为足额保险，此时保险人对于标的部分损失足额补偿。如果保险金额低于保险价值则称为不足额保险，该种情况下保险标的全损时赔偿保险金额，部分损失时按照比例赔付。保险金额不得高于保险价值，否则高出部分无效。

6. 保险费

保险费是被保险人向保险人交付的费用。其计算方式是保险金额乘以保险费率。

7. 保险责任和除外责任

保险责任指保险合同规定的保险人承保的风险范围。保险人承保的风险可分为保单上所列举的风险和附加条款加保的风险两类，前者为主要险别承保的风险，后者为附加险别承保的风险。主要险别承保风险内容上可以分为海上风险和人为因素造成的风险。海上风险包括自然灾害和意外事故，前者指台风、雷电等自然原因引起的灾害，后者指船舶碰撞、触礁等意外事故。人为因素造成的风险如盗窃、罢工等。附加条款加保的风险是必须经过特别约定保险人才承保的风险，不得单独承保，必须附加在主要险别项下。海洋货物运输保险的附加风险包括一般附加险、特别附加险和特殊附加险三类。

除外责任指依照法律规定或合同约定，保险人不负赔偿责任的风险范围，一般包括自然损耗、市场跌价、发货人责任、被保险人故意行为或者过失致损。

8. 保险期间

指保险人承担保险责任的存续期间。仅在此期间内发生的保险事故致保险标的损害的保险人才承担保险责任。据此可以将中国船舶保险分为定期保险和航次保险两种。中国的货物保险是航次保险。

三、海上保险合同双方当事人权利义务

（一）被保险人

被保险人义务包括四项，即支付保险费、据实陈述、危险通知和尽力施救。支付保险费是被保险人最为主要的义务。依我国海商法规定，在被保险人支付保险费之前，保险人可以拒绝签发保险单证。据实陈述是指订立保险合同时被保险人应该主动诚实地将保险标的的情况及相关风险告知保险人，在保险人询问时据实陈述而不遗漏或隐瞒。如果违反据实陈述义务，保险人可以解除合同，不再承担保险责任。危险通知是指当被保险人知道标的遭受保险事故之后应当尽快通知保险人，并且采取必要措施避免损失扩大。如果保险标的物损失由第三方承担，则被保险人应当立刻向第三方索赔，否则保险人可以免除赔偿责任。

被保险人具有请求赔偿的权利。一旦发生保险事故致使保险标的物损害，被保险人即可请求赔偿，除了获得保险标的物损害赔偿外，还可向保险人要求对于保险标的物进行施救和按照保险人指示行事支付的合理费用，以及向第三方追偿的费用。在获得赔偿后，被保险人应当将向第三方追偿的权利和必要文件转让给保险人。

（二）保险人

保险人的义务主要包括两项，即签发保险单和支付赔偿金。保险单是保险人接受保险的书面承诺，也是被保险人索赔凭证。保险人在合同成立之时或者之后应当及时签发保险单。在承保期间和范围内因为保险人承保的海上危险或者事故造成保险标的损失的，保险人应当承担赔偿责任。该责任以保险金额为限。

下列情况下，保险人一般可以免除赔偿责任：

其一，被保险人故意造成损失；

其二，由于航行迟延、交货迟延或者行市变化，或者货物自然损耗、本身缺陷和自然特性，以及包装不当造成的货物损失；

其三，船舶开航时不适航，但是船舶定期保险中被保险人不知道的除外；

其四，船舶自然磨损或者锈蚀造成保险船舶损失。

【风险提示】

被保险人请求赔偿的范围既包括保险标的物损害赔偿，也包括对于保险标的物进行施救以及按照保险人指示行事支付的合理费用，还包括向第三方追偿的费用。在获得赔偿后，被保险人应当将向第三方追偿的权利和必要文件转让给保险人。

【法条指引】

中华人民共和国海商法（节录）

第二百二十二条 合同订立前，被保险人应当将其知道的或者在通常业务中应当知道的有关影响保险人据以确定保险费率或者确定是否同意承担的重要情况，如实告知保险人。

保险人知道或者在通常业务中应当知道的情况，保险人没有询问的，被保险人无需告知。

第二百二十三条 由于被保险人的故意，未将本法第二百二十二条第一款规定的重要情况如实告知保险人的，保险人有权解除合同，并不退还保险费。合同解除前发生保险事故造成损失的，保险人不负赔偿责任。

不是由于被保险人的故意，未将本法第二百二十二条第一款规定的重要情况如实告知保险人的，保险人有权解除合同或者要求相应增加保险费。保险人解除合同的，对于合同解除前发生保险事故造成的损失，保险人应当负赔偿责任；但是，未告知或者错误告知的重要情况对保险事故的发生有影响的除外。

第二节　海洋货物运输保险

【规则要点】

中国人民保险公司海洋运输货物保险的主要险别有三种，即平安险、水渍险和一切险。其中平安险责任最小，一切险承保范围最大。海洋货物运输保险附加险包括一般附加险、特别附加险和特殊附加险三类。

【理解与适用】

一、海洋货物运输保险主要险别

主要险别是指可以独立承保，不必附加在其他险别项下的险别。中国人民保险公司海洋运输货物保险的主要险别有三种，即平安险、水渍险和一切险。

（一）平安险

平安险是海上货物运输保险中责任最小的一种险别，其保险费率也最低，一般适用于低值、粗糙、无包装的大宗货物。平安险中保险人承保的范围包括两方面：一是海损事故和自然灾害造成的货物全部损失；二是特定意外事故所引起的单独海损。

其责任范围主要包括：

1. 被保险货物在运输途中由于恶劣气候、雷电、海啸、地震、洪水等自然灾害造成整批货物的全部损失或者退订损失。除这五种自然灾害之外的其他自然灾害造成的损失保险人概不负责。全部损失指的是保险标的完全灭失。对于被保险货物的部分损失，保险人不负赔偿责任。

2. 由于运输工具遭受搁浅、触礁、沉没、互碰、与流冰或者其他物体碰撞及失火、爆炸等意外事故造成货物的全部或者部分损失。意外事故是指运输工具所遭遇的外来的、不可预料的事故。

3. 在运输工具已经发生搁浅、触礁、沉没、焚毁等意外事故的情况下，货物在次前后又在海上遭受恶劣气候、雷电、海啸等自然灾害所造成的部分损失。如果货物致损原因既有自然灾害又有意外事故，则保险人需对部分损失承担赔偿责任。

4. 在装卸或者转运过程中由于一件或者数件整件货物落海造成的全部或者部分损失。实践中，保险公司不论该保险标的是否打捞并且得到了保全，只要发生了整件落海的事实，保险人就予以赔偿。

5. 被保险人对遭受承包责任内危险的货物采取抢救或减少货损的措施而支付的合理费用，但是以不超过该批货物额保险金额为限。

6. 运输工具遭受海难后在避难港由于卸货引起的损失，以及在中途港、避难港由于卸货、存仓及运送货物所产生的特别费用。该特别费用指运输工具遭受海难后，为了货物安全或续运，在中途港、避难港卸货、存仓、转运所产生的直接、合理的费用。

7. 共同海损的牺牲、分摊和救助费用。这些费用均属于部分损失，应当由各受益方来分担。被保险人的分摊额可以从平安险中得到补偿。

8. 运输合同中订有“船舶互撞条款”，根据该条款而应当由货方偿还船方的损失。在船舶互撞情况下，为了保护承运人的限制责任权利，一般会要求货方将通过对方船船东取得的本船船东按比例应当承担责任的部分还给本船船东。此时货方无法从船方取得的补偿部分，就由保险人来承担。但是在不足额保险的情况下，保险人按照承保比例承担。

（二）水渍险

水渍险是负责单独海损的赔偿，其责任范围包括平安险承保的全部责任，再加上被保险货物在运输过程中由于恶劣气候、雷电、海啸、洪水、地震等自然灾害造成的部分损失。水渍险一般适用于不易损坏或者不因生锈而影响使用的货物。

（三）一切险

一切险承保责任范围包括平安险和水渍险的全部责任，再加上被保险货物在运输中由于外来原因导致的全部或者部分损失。它是海上货物运输保险中承保范围最大的一种基本险别。值得注意的是，一切险并非承保一切风险所致的被保险人货物的损失，只是承保列明的 11 种外来原因导致的全部或者部分损失，包括：偷窃提货不着、淡水雨淋、短量、混杂玷污、渗漏、碰撞破损、串味、受潮受热、钩损、包装破裂和锈损。

二、海洋货物运输保险附加险

附加险是投保人在投保主要险时为保证主要险范围外可能发生的某种危险而附加的保险。其可分为三类：一般附加险、特别附加险、特殊附加险。

（一）一般附加险

一般附加险承保各种外来原因造成的货物全损或者部分损失，是保险人在主要责任范围基础上扩展的责任。外来原因指不必与自然因素或者运输工具联系起来的因素。附加险别不能单独承保，必须附于主险项下。一般附加险包括11种：偷窃提货不着险、淡水雨淋险、短量险、混杂玷污险、渗漏险、碰撞破损险、串味险、受潮受热险、钩损险、包装破裂险和锈损险。

（二）特别附加险

特别附加险必须附于主要险别项下，该险对于特殊风险造成的保险标的的损失负赔偿责任。它与一般附加险的区别在于一般附加险属于一切险的范围，投保一切险后不必再附加任何一项附加险，但是特别附加险承保范围超过了一切险的范围。特别附加险包括6种：交货不到险、进口关税险、舱面险、拒收险、黄曲霉素险、出口货物到香港或澳门存仓火险。

（三）特殊附加险

特殊附加险包括海洋运输货物战争险和货物运输罢工险。

战争险的保险期限限于水上危险或者运输工具上的危险。

战争险赔偿范围包括：

（1）直接由于战争、类似战争行为和敌对行为、武装冲突或海盗行为所致的损失。

（2）由于上述原因所引起的捕获、拘留、扣留、禁制、扣押所造成的损失。

（3）各种常规武器，包括水雷、鱼雷、炸弹所致的损失。

（4）由于上述原因所引起的共同海损的牺牲、分摊和救助费用。

战争险除外责任包括：

（1）由于敌对行为使用原子或热核制造的武器所致的损失和费用；

（2）根据执政者、当权者或者其他武装集团的扣押、拘留引起的承保航程的丧失或挫折而提出的任何索赔。

货物运输罢工险可以附加在各种货物运输保险项下。其责任范围为：

（1）罢工者、被迫停工工人或参加工潮暴动、民众斗争的人员的行动所造成的直接损失；

（2）任何人的敌意行动所造成的直接损失；

（3）因上述行动或行为引起的共同海损的牺牲、分摊和救助费用。

三、基本险别除外责任

除外责任指保险不予负责的损失或费用，一般都有属非意外的、非偶然性的或须特约承保的风险。基本险别除外责任主要包括五项：

一是被保险人的故意行为或者过失造成的损失。

二是属于发货人责任引起的损失，如发货人租用不适航的船舶、发货人提供货物品质不良、申报不实、包装不善、标志不清、货物原装短量以及发货人未履行买卖合同中的有关规定而引起的货损。

三是在保险责任开始前被保险货物已经存在的品质不良或者数量短差所造成的损失，在实践中被称为原残。

四是被保险货物的自然损耗、本质缺陷以及市价跌落、运输迟延所引起的损失或者费用。

五是战争险和罢工险条款规定的责任及除外责任。

四、海洋货物运输保险责任期间

海洋货物运输保险责任期间也称为保险有效期，指保险人根据保险合同规定，承担保险责任的开始和终止。一般而言，包括仓至仓条款、扩展责任条款、航程终止条款和驳运条款。

（一）仓至仓条款

规定保险人的责任自被保险货物运离保险单所载明的起运地仓库开始，到货物运达保险单载明的目的地收货人的最后仓库时止。仓至仓条款一般都有时间限制，规定如果货物未抵达收货人的仓库或者储存处所，则保险人的责任以被保险货物在最后卸货港全部卸离海轮后满60日为止。

保险人责任具体终止时点需要考虑具体情况：

其一，当保险单载明的目的地是卸货港，如果收货人提货后运进其仓库，保险责任终止；如果收货人提货后直接对货物进行分配、分派或者分散转运，则保险责任自分配时终止；

其二，当保险单载明的目的地为内陆仓库时，保险责任在货物运抵内陆仓库时终止；

其三，当保险单载明的目的地是内陆仓库，而收货人提货后未运往仓库而是直接在中途进行分配、分派或者分散转运，则保险责任自分配时终止。

（二）扩展责任条款

该条款规定，如果由于被保险人无法控制的原因导致船舶延迟、绕道、被迫卸下、重新装载或者转运，或者是承运人依据运输合同所赋予的权利而改变航程，保险仍然有效。

（三）航程终止条款

该条款指在被保险人无法控制的情况下，保险货物在运抵保险单载明的目的地之前，运输合同在其他港口或地方终止，或者由于其他原因航程在保险责任截止期以前宣告终止，则保险继续有效，直到保险货物在该卸载港口或地方送交或卖出时为止，但是最长期限不得超过条款规定的货物在卸离运输工具后的期限。这两种情况保险期限终止以先发生的为准。

（四）驳运条款

该条款规定保险人对被保险货物在驳运过程中的损失负责。

第三节 船舶保险

【规则要点】

船舶保险，是以各种运输用船、生产生活用船、建造中船舶以及海上钻井平台等为保险标的的保险。船舶保险包括全损险和一切险两类。此外，还有船舶战争险作为船舶保险的附加险。

【理解与适用】

船舶保险是以各类船舶为保险标的的保险。“各类船舶”包括各种运输用船、生产生活用船、建造中船舶以及海上钻井平台等。

海上船舶保险合同的标的包括三类：船舶、与船舶有关的利益和与船舶有关的责任。船舶保险可以分为不同的种类，依据承保风险范围可以分为船舶保险、船舶战争险和船舶建造险；依据承保期限可以分为定期保险和航次保险。

一、船舶保险

（一）船舶保险种类

船舶保险包括全损险和一切险两类。

1. 全损险

全损险承保范围包括三类：

（1）自然灾害或者意外事故造成的被保险船舶的全部损失。

（2）船壳和船舶机件的潜在缺陷造成的被保险船舶的全部损失。这里的潜在缺陷是指具有熟练技术的人员以通常的注意及周到的检查仍不能发现的瑕疵。

（3）船长、船员、引航员或者修船人员的疏忽导致的被保险船舶的全部损失。

全损险承担的是全部损失，全部损失包括实际损失和推定损失两种形式。实际全损是船舶在物质上的灭失，推定全损是船舶在发生保险事故之后，认为实际全损已经不可避免或者是为了避免发生实际全损所需要支付的费用超过保险价值的损失状态。

2. 一切险

船舶一切险承保范围包括全损险责任范围内的风险所造成被保险船舶的全部损失、该风险给船舶造成的部分损失、碰撞责任、共同海损分摊、救助费用和施救费用。

从损失形态角度来看，一切险既赔偿全部损失，又赔偿部分损失。保险人在赔偿部分损失时，应当按照每一航次扣除保险单规定的免赔额。免赔额指被保险船舶发生承保风险事故时保险合同双方约定在发生部分损失的情况下，当损失小于约定的百分比时保险人不予赔偿的数额。免赔额只发生在部分损失的情况下。

中国人民保险公司船舶保险的免赔额采用的是航次免赔额，但同时规定，由于恶劣气候造成的两个连续港口之间单独航程的损失作为一次事故，只扣除一个免赔额。也就是说在两个连续港口之间只要是由于恶劣气候造成的损失都属于同一次事故。

（二）航区保证

航区保证，是指如果被保险人要驶出保险单规定的航行区域，应当事先征得保险人的同意。保险人在必要的时候可以加收保险费。如果被保险人破坏了该明示的航区保证，保险人可以不负赔偿责任。中国人民保险公司规定的航行区域为世界各地，但是如果被保险船舶在冰冻季节进入冰冻区的，应当事先通知保险人。冰冻季节一般指每年的 11 月 15 日至次年的

5月5日，冰冻区指北纬56°以北的波罗的海斯德哥尔摩以及塔林一线以北的港口和海域。

（三）除外责任

船舶保险的除外责任包括以下情形，此时保险人不必负责下列原因所造成的损失、责任和费用。

其一，被保险人在船舶开航时知道或者应该知道被保险船舶不适航，包括人员配备不当、装备或者装载不妥。

其二，被保险人及其代表的疏忽或者故意行为。

其三，被保险人恪尽职责应当发现的正常磨损、锈蚀、腐烂或者保养不周，或者材料缺陷包括不良状态部件的更换或修理。

其四，清除障碍物、残骸或者清除航道的费用。被保险船舶在航道上发生事故并导致沉没时，该港口当局会强制该船方清理航道。此时，保险人已经对被保险人的全损进行了赔偿，故其不承担清理航道的义务。

其五，中国人民保险公司战争险和罢工险条款承保和除外的责任范围。

（四）保险期限

船舶保险本身可以按照保险期限分为定期保险和航次保险。定期保险的保险期限最长为1年，起止时间以保险单上注明的日期为准。保险到期时，如果被保险船舶尚在航行中或处于危险中或在避难港或者中途港停靠，经被保险人事先通知保险人并按日比例加付保险费后，本保险继续负责到船舶抵达目的港为止。保险船舶在延长时间内发生全损，被保险人需要加交6个月保险费。

航次保险按照保险单中载明的航次为准。关于起止时间，如果是不载货船舶，自起运港解缆或起锚时开始，到目的港卸货完毕时终止。但自船舶到达目的港当日午夜零时起最多不得超过30日。

（五）退费

船舶保险合同转让必须经过保险人的同意。如果保险期限内船舶的所有权发生了变动，船舶保险合同原则上自船舶转让之日起已经失去效力。被保险人如果已经交付了全额保险费，保险人应当按照日比例计算进行退还。如果船舶的所有权转让时船舶还在海上，那么停保的日期可以推迟到船舶抵达最后目的港卸完货物时。

船舶停航期间，保险费一般是连续航行的船舶的一半。如果被保险船舶在港口内连续停泊超过 30 日，那么不论船舶在该段时间内有无装卸作业，是否进行了修理或者港内移泊航行，都视为停泊。停泊期间的保险费需要退还一半。航次保险则自保险责任开始不再允许退保。

二、船舶战争险

船舶战争险承保的是因为战争和敌对行为以及各种常规武器造成的被保险船舶的损失、费用和责任，它是船舶保险的一种附加险。船舶战争险的除外责任包括两项，一是被保险人的国家政府对保险船舶的征用、征购、扣留或者没收；二是原子弹、氢弹或者核武器造成的损失。

船舶战争险的保险期限与船舶保险是相同的，但是在定期保险的情况下，其保险单中一般存在经通知终止战争险责任的规定。

三、船舶建造险

船舶建造险承保的是一种综合的风险。其所承保的范围一般指船舶建造人承担的船舶从建造开始至船舶交付使用时止的所有风险，以及船舶试航时因为船舶碰撞或者其他事故所产生的对于第三者的责任。船舶建造险承保区域在船舶建造期间仅限于造船厂的范围之内，在试航或者交船期间则区分不同吨位的船舶采用不同的承保区域。

船舶建造险的责任期间自船舶建造开始至被保险船舶建成交付时或者保险期限届满时为止，两者以先发生者为准。

【风险提示】

被保险人要驶出保险单规定的航行区域，征求保险人意见的，必须事先进行。如果被保险人未经保险人同意破坏了明示的航区保证，则保险人可以不负赔偿责任。

第四节 海上保险赔付

【规则要点】

海上保险标的损失包括全部损失和部分损失两种，全部损失又包括实际全损和推定全损两种。委付是指保险标的发生推定全损时，被保险人将保险标的的一切权利和义务转让给保险人，从而获得全部保险金额赔付的法律制度。如果保险标的的损失是由于第三者的过失造成，则保险人依照保险合同向被保险人支付了约定的赔偿后，就取得由被保险人转让的对第三者的损害赔偿请求的权利，即代位求偿权。

【理解与适用】

一、海上保险标的损失

海上保险标的损失包括全部损失和部分损失两种，全部损失又包括实际全损和推定全损两种。根据我国海商法第245条，保险标的发生保险事故后灭失，或者遭受严重损害完全失去原有形体、效用，或者不能再归被保险人拥有的，为实际全损。发生实际全损后，保险人应当办理索赔通知，索赔金额依据保险合同确定。推定全损是指当保险标的在保险事故发生之后，受损程度虽然不是完全损毁，但是已经无法补救，故按照完全损失处理的情况，包括船舶的推定全损和货物的推定全损。这规定在我国海商法第246条。对于保险标的的推定全损，被保险人可以按照全部损失或者部分损失要求赔偿，如果要求按照全损赔偿的，被保险人需要向保险人发出委付通知，保险人接受后被保险人才能获取全损赔偿。

部分损失是指保险标的发生保险事故后造成部分损害，受损价值没有达到保险金额，也即实际上保险标的损失没有构成全损，即为部分损失。

二、委付

委付是指保险标的发生推定全损时，被保险人将保险标的的一切权利和义务转让给保险人，从而获得全部保险金额赔付的法律制度。

（一）成立条件

委付成立条件由法律明文规定，包括：

1. 必须以保险标的的推定全损为条件。

2. 必须适用于保险标的的整体，其具有不可分性。

3. 被保险人应当在法定期限内向保险人书面提交委付申请。对于该法定期限，我国海商法并未作出明确规定。

4. 被保险人必须将保险标的的一切权利移交给保险人，且不得附加条件。

5. 必须经过保险人承诺接受。我国海商法第 249 条赋予了保险人决定是否接受委付的权利。

如果保险人接受了委付，则委付成立。我国海商法第 249 条第 2 款规定，委付一经保险人接受，不得撤回。关于保险人承诺接受委付的方式，我国海商法规定，保险人应当在合理的时间内将接受未付或者不接受委付的决定通知被保险人，不承认默示接受的方式。

（二）法律效力

委付的法律效力表现在两个方面。

第一，被保险人必须将保险标的的一切权利义务转移给保险人。

这规定在我国海商法第 250 条中。委付成立之后，保险标的上的一切权利如所有权、担保物权、债权等以及保险人处理保险标的获得的利益全部归属于保险人享有。同时保险人也需承担保险标的上的一切义务如打捞沉船、清除油污等。

第二，被保险人在委付成立之时，有权要求保险人按照海上保险合同约定的保险金额向其全额赔偿。

三、代位求偿权

代位求偿权指如果保险标的的损失是由于第三者的过失造成，则保险人依照保险合同向被保险人支付了约定的赔偿后，即取得由被保险人转让的对第三者的损害赔偿请求的权利。

保险人取得代位求偿权的条件为：（1）保险人已经依据保险合同给付保险赔偿；（2）被保险人对第三人享有赔偿请求权；（3）保险人代位求偿权范围限于保险人支付的保险赔偿范围内而不得因代位求偿取得额外利益。

我国海事诉讼特别程序法规定保险人代位求偿权应当以保险人的名义行使。海诉法司法解释第 65 条规定：“保险人依据海事诉讼特别程序法第九十五条规定行使代位请求赔偿权利，应当以自己的名义进行；以他人名义提起诉讼的，海事法院应不予受理或者驳回起诉。”

四、索赔与理赔

索赔，是指在保险事故发生后，投保人或者被保险人按照保险合同的约定向保险人要求履行赔偿责任的行为。

索赔应当包括以下内容：（1）当被保险人得知保险事故发生后，应当马上通知保险公司。（2）被保险人在提货时发现货物出现损失，除进行及时的损失通知外，还需向承运人等有关方面提出索赔请求。（3）保险货物受损之后，被保险人应当采取合理的施救和整理措施。（4）准备必要的索赔单证，主要包括：保险单或保险凭证正本；运输合同；发票；装箱单、磅码单；向承运人索赔的函电、文书或者其他单证；检验报告；海事报告摘录或者海事申明书；货损货差证明；索赔清单。

理赔是指保险人处理保险索赔案的过程。保险的理赔包括保险人根据保险合同的约定对保险标的的损失情况进行现场勘查、审核保险责任和赔偿范围，并且履行赔偿或者支付保险金的义务。在损失检验、确定货损原因、审核保险期限之后，保险人应当赔付货物的直接损失以及因为修复、施救而发生的合理费用。在理赔的同时，保险人还需要审核货损的追偿情况。

【风险提示】

保险人对于被保险人的委付请求必须通过明示方式通知被保险人，保险人未明示接受的，视为拒绝委付。

【相关案例】

上诉人中国平安保险（集团）股份有限公司与被上诉人中设（南通）机械设备进出口公司进口分公司海上货物运输保险合同纠纷案

中设（南通）机械设备进出口公司进口分公司（以下简称中设南通）与托福公司签订豆粕买卖合同，发票总金额为5887881.64美元。同日，托福公司将货物交由商船会社承运，从印度运往中国南通。中设南通向中国平安保险（集团）股份有限公司（以下简称平安保险公司）投保海上货物运输平安险，附加船舶老龄险，费率4‰，平安保险公司签发了保险单。旧金轮抵达中国南通港卸货时，发现货物与船方签发的清洁提单严重不符。中设南通曾申请中华人民共和国南通出入境检验检疫局对涉案豆粕进行检验，南通检验检疫局出具《验残证书》，其检验结论为：部分货物已失去其使用价值，其余残损货物必须在严格控制下使用。原告要求赔偿货损及利息。一审法院认定货物全损。

二审法院认为：第一，涉案货物尚未灭失，亦仍能被作为被保险人的中设南通拥有；第二，销售价款占全部货物总价值的23.8%，达11595726.5元人民币。因此，虽然湖北饲料质检站认定涉案豆粕失去了应有外观和内在品质，全部不能作为饲料原料使用，但本院不能据此认为涉案货物构成实际全损。最终撤回一审判决，驳回原告诉求。

【法条指引】

中华人民共和国海商法（节录）

第二百四十五条 保险标的发生保险事故后灭失，或者受到严重损坏完全失去原有形体、效用，或者不能再归被保险人所拥有的，为实际全损。

第五节 船东互保协会

【规则要点】

船东互保协会全称为船东保障与赔偿协会，也被称为船东保赔协会。协会中成员兼具投保人和保险人双重身份。船东互保协会设立的保险称为保赔保险。

【理解与适用】

船东互保协会全称为船东保障与赔偿协会，也被称为船东保赔协会。

这是船东为了共同承担属于船东责任的损害赔偿而自己设立的组织。该协会中各成员既是投保人也是保险人，它所承保的风险都是保险公司不承保的，尤其是因为船舶碰撞引起的保险公司不负责赔偿的那部分风险。船东互保协会设立的保险，称为保赔保险。

保赔保险所承保的风险包括：

(1) 需要由船东承担责任的，船员、船上人员或者为船舶提供劳务等相关人员的人身伤亡和疾病；

(2) 四分之一的船舶碰撞责任；

这是由于保险人一般只保船舶碰撞责任的四分之三，故保赔保险承保剩下的部分。此外，船东还可以就一般保险人不予承保的超额碰撞责任向船东互保协会投保。超额碰撞责任是指超过了保单承保的船舶的保险金额或四分之三的保险价值的责任。

(3) 码头及其他固定或浮动建筑物的损坏赔偿责任；

(4) 清除残骸的费用；

(5) 油污赔偿费用及罚款；

(6) 共同海损的货物分摊额；

(7) 为处理难民及偷渡者所支出的费用；

(8) 检疫费用；

(9) 各种罚款；

(10) 诉讼费用。

保赔保险的除外责任包括以下几项：

① 入会船舶非法营运；

② 对保赔保险事项进行重复保险；

③ 船舶保险人可以承保的风险；

④ 任何由于延迟所引起的营运损失；

⑤ 船东的故意和恶意行为；

⑥ 船东故意或重大过失地违反运输合同而产生的责任和发生的费用。

保赔协会会员向协会缴纳的保险费是由协会根据该会员保的险别、船型、船级、航区等因素与会员船东分别议定的。协会根据每个会员上一年的赔偿记录进行检查分析，并对下一年的保费进行相应的调整。每一保险年度计收两次保费。

保赔协会是由船东们自愿参加的，因此会员船东可以随时退出。如果会员在保险年度结束前中途要求将其部分或全部船舶退出协会，应增付一定百分比的保费，作为解除船东付费责任的追加保费。此外，在船舶发生全损或者转让时，保赔责任自然终止。如果所保船舶被本国或外国政府征用，保赔合同即行中止，征用结束后继续生效。

第十二章

时　　效

【规则要点】

我国海商法中规定的时效是诉讼时效。

【理解与适用】

时效，是指特定事实的存续期间经过法律规定的期间而产生相应法律后果的制度。时效分为取得时效和诉讼时效。取得时效指当事人基于善意动机和公开、合理、持续行为占有他人财产，在法律规定期间届满后，在法律上发生取得他人财产的法律后果。诉讼时效则是指权利人经过法定期间不向义务人行使请求权则胜诉权归于消灭的制度。我国海商法中规定的时效是诉讼时效。

一、海事诉讼时效期间

（一）海上货物运输合同诉讼时效

1. 我国海商法第 257 条规定，就海上货物运输向承运人要求赔偿的请求权，时效期间为一年，自承运人交付或者应当交付货物之日起计算。承运人向托运人、收货人、提单持有人要求赔偿的请求权也是一年，自当事人知道或者应当知道权利被侵害之日起计算。

2. 海商法第 257 条第 2 款规定，有关航次租船合同的请求权，时效期间为二年，自知道或者应当知道权利被侵害之日起计算。航次租船合同下签发提单并且转让给第三人，提单持有人或收货人同承运人之间发生损害赔偿或者运费请求权的诉讼时效为一年，即使提单中存在有效的并入条款。

3. 依据《最高人民法院关于如何确定沿海、内河货物运输货物赔偿请求权时效期间问题的批复》，托运人、收货人就沿海、内河货物运输合同向承运人要求赔偿的请求权，或者承运人就沿海、内河货物运输向托运人、收货人要求赔偿的请求权诉讼时效为一年。

4. 海商法第 82 条规定，承运人自向收货人交付货物的次日起连续六十日内，未收到收货人就货物因迟延交付造成经济损失而提交的书面通知的，不负赔偿责任。该条实际上规定的是除斥期间，对迟延交付请求给予严格的限制。

5. 依据我国海商法第 257 条，在时效期间内或者时效期间届满后，被认定为负有责任的人向第三人提起追偿请求的，时效期间为 90 日，自追偿请求人解决原赔偿请求之日起或者收到受理对其本人提起诉讼的法院的起诉状副本之日起计算。

（二）海上旅客运输合同诉讼时效

依据我国海商法第 258 条，基于海上旅客运输向承运人主张赔偿的请求权诉讼时效为 2 年，起算方式如下：

1. 有关旅客人身伤害的请求权，自旅客离船或者应当离船之日起计算；

2. 有关旅客死亡的请求权，发生在运送期间的，自旅客应当离船之日起计算；因运送期间内的伤害而导致旅客离船后死亡的，自旅客死亡之日起计算，但是此期限自离船之日起不得超过 3 年；

3. 有关行李灭失或者损坏的请求权，自旅客离船或者应当离船之日起计算。

（三）船舶租用合同诉讼时效

依据我国海商法第 259 条，有关船舶租用合同的请求权，时效期间为二年，自知道或者应当知道权利被侵害之日起计算。

（四）船舶拖航合同诉讼时效

依据我国海商法第 260 条，有关海上拖航合同的请求权，时效期间为一年，自知道或者应当知道权利被侵害之日起计算。承拖方与被拖方相互之间的请求权，第三方向承拖方或者被拖方的请求权，时效均为 1 年。

（五）船舶碰撞诉讼时效

依据我国海商法第 261 条和第 169 条，有关船舶碰撞的请求权，时效期间为二年，自碰撞事故发生之日起计算。互有过失的船舶，对造成的第三人的人身伤亡，负连带赔偿责任。一船连带支付的赔偿超过相应比例的，有权向其他有过失的船舶追偿，该追偿请求权，时效期间为一年，自当事人连带支付损害赔偿之日起计算。

（六）海难救助时效

依据我国海商法第 262 条，有关海难救助的请求权，时效期间为二年，自救助作业终止之日起计算。

（七）共同海损时效

依据我国海商法第 263 条，有关共同海损分摊的请求权，时效期间为一年，自理算结束之日起计算。

（八）海上保险时效

依据我国海商法第 264 条，根据海上保险合同向保险人要求保险赔偿的请求权，时效期间为二年，自保险事故发生之日起计算。

（九）船舶油污损害诉讼时效

我国海商法第 265 条规定，有关船舶发生油污损害的请求权，时效期间为 3 年，自损害发生之日起计算；但是，在任何情况下时效期间不得超过从造成损害的事故发生之日起 6 年。

二、海事诉讼时效变更

诉讼时效的变更，包括诉讼时效的中止和诉讼时效的中断。我国海商法第 266 条规定，在时效期间的最后 6 个月内，因不可抗力或者其他障碍不能行使请求权的，时效中止。自中止时效的原因消除之日起，时效期间继续计算。诉讼时效的中断是指在时效计算中因法定事由的出现而使已经经过的时效期间归于消灭，诉讼时效重新开始计算。诉讼时效的中断没有次数限制，但是受到最长诉讼时效的制约。

我国海商法第 267 条规定："时效因请求人提起诉讼、提交仲裁或者被请求人同意履行义务而中断。但是，请求人撤回起诉、撤回仲裁或者起诉被裁定驳回的，时效不中断。请求人申请扣船的，时效自申请扣船之日起中断。自中断时起，时效期间重新计算。"

【法条指引】

中华人民共和国海商法（节录）

第二百五十七条　就海上货物运输向承运人要求赔偿的请求权，时效期间为一年，自承运人交付或者应当交付货物之日起计算；在时效期间内或者时效期间届满后，被认定为负有责任的人向第三人提起追偿请求的，时效期间为九十日，自追偿请求人解决原赔偿请求之日起或者收到受理对其本人提起诉讼的法院的起诉状副本之日起计算。

有关航次租船合同的请求权，时效期间为二年，自知道或者应当知道权利被侵害之日起计算。

第二百五十八条　就海上旅客运输向承运人要求赔偿的请求权，时效期间为二年，分别依照下列规定计算：

（一）有关旅客人身伤害的请求权，自旅客离船或者应当离船之日起计算；

（二）有关旅客死亡的请求权，发生在运送期间的，自旅客应当离船之日起计算；因运送期间内的伤害而导致旅客离船后死亡的，自旅客死亡之日起计算，但是此期限自离船之日起不得超过三年；

（三）有关行李灭失或者损坏的请求权，自旅客离船或者应当离船之日起计算。

第二百六十六条　在时效期间的最后六个月内，因不可抗力或者其他障碍不能行使请求权的，时效中止。自中止时效的原因消除之日起，时效期间继续计算。

第二百六十七条　时效因请求人提起诉讼、提交仲裁或者被请求人同意履行义务而中断。但是，请求人撤回起诉、撤回仲裁或者起诉被裁定驳回的，时效不中断。

请求人申请扣船的，时效自申请扣船之日起中断。

自中断时起，时效期间重新计算。